SVEN-DAVID MÜLLER, CHRISTIANE WEISSENBERGER

Schonkost

Leichte Vollkost bei Sodbrennen, Magendruck, Blähungen, Völlegefühl und Übelkeit

3. Auflage

humboldt

VORWORT

Liebe Leserinnen und Leser,

Schonkost – oder leichte Vollkost, wie sie heute auch oft genannt wird – ist eine spezielle Ernährungsform bei allen Erkrankungen rund um Magen und Darm. Sie setzt dabei auf leichte, gut verträgliche Lebensmittel, die das Verdauungssystem nicht belasten, sondern eher beruhigen. Diese leichte Vollkost ist ernährungsmedizinisch anerkannt und hat sich im klinischen Bereich als Ernährungsform bewährt.

„Die leichte Vollkost hat sich millionenfach bewährt."

Leiden Sie unter Sodbrennen, an einer Magenschleimhautentzündung, unter Gallensteinen oder an einer anderen Erkrankung im Bereich von Magen, Darm, Leber und Galle? Dann bekommen Sie hier viele Informationen und Rezepte für eine bekömmliche, abwechslungsreiche und alltagstaugliche Ernährung. Mit reizarmen Lebensmitteln, die schonend, aber schmackhaft zubereitet werden, können Sie das Essen trotz Einschränkungen genießen. Die leichte Vollkost ist eine gesunde Ernährungsweise für die ganze Familie.

In unserer Berufspraxis in der Diät- und Ernährungsberatung haben wir es fast täglich mit Menschen zu tun, die bestimmte

Lebensmittel schlecht oder überhaupt nicht vertragen. Gerade im Bereich der leichten Vollkost gibt es oft Empfehlungen und Rezepte, die einfach veraltet sind. Die Tipps und Rezepte in diesem Buch haben sich bewährt, wir geben sie seit Jahren an unsere Patienten weiter. Dabei lassen wir neue Erkenntnisse in der Ernährungsmedizin in unsere Arbeit einfließen. Wenn Sie Fragen oder Wünsche haben, können Sie sich jederzeit an uns wenden. Wir helfen Ihnen gerne weiter.

Dieses Buch kann und will die individuelle Diät- und Ernährungsberatung durch qualifizierte Ernährungsexperten natürlich nicht ersetzen. Es gibt Ihnen aber einen guten Überblick und kann eine hervorragende Grundlage für die Beratung durch Diätassistent und Arzt sein. Wir wünschen Ihnen viel Freude beim Ausprobieren der Rezepte und viel Gesundheit und Wohlbefinden.

Christiane
Weißenberger
*Staatlich anerkannte
Diätassistentin/
Diabetesassistentin*

Ihr
Sven-David Müller

Ihre
Christiane Weißenberger

Sven-David Müller
*M. Sc., Staatlich
anerkannter
Diätassistent/
Diabetesberater DDG
und Gesundheits-
publizist*

SCHONKOST UND LEICHTE VOLLKOST – WICHTIG ZU WISSEN

Lebensmittelunverträglichkeiten können sowohl bei gesunden Menschen auftreten als auch bei Menschen mit Erkrankungen der Verdauungsorgane. In allen Fällen hat sich eine Ernährung bewährt, die den Verdauungstrakt schont, aber dennoch nährstoffreich ist. Das bietet die leichte Vollkost. Sie ist eine leicht verdauliche Kost, die alle notwendigen Nährstoffe bietet.

Der Weg der Nahrung durch den Körper

Alle Lebensmittel, Speisen und Getränke werden auf ihrem Weg durch den Körper aufbereitet und in kleine und kleinste Teile zerlegt. Die Nahrung wird aufgespalten (Verdauung), die Inhaltsstoffe werden vom Körper aufgenommen (Resorption) und die Überbleibsel werden ausgeschieden (Stuhlgang). Während der Verdauung werden Nahrungsinhaltsstoffe mit Hilfe verschiedener Enzyme abgebaut, damit der Dünndarm sie aufnehmen kann.

Die Verdauung beginnt im **Mund.** Dort wird die Nahrung mithilfe der Zähne zerkleinert und mit Speichel durchmischt, dabei werden Kohlenhydrate bereits grob aufgespalten. Anschließend wird der Nahrungsbrei durch die Speiseröhre in den **Magen** transportiert. Der säure- und enzymhaltige Magensaft spaltet vor allem Eiweiße auf.

In kleinen Portionen leitet der Magenpförtner den Speisebrei in den **Dünndarm** weiter, wo sämtliche Nahrungsbestandteile weiter verdaut werden. Für die Fettverdauung ist die von der Leber produzierte Gallenflüssigkeit zuständig; sie sorgt dafür, dass sich unterschiedliche Fette miteinander vermischen und dadurch besser aufgespalten werden können. Größere Fettsäuremoleküle werden wasserlöslich und können in die Lymphbahn übertreten. Für die Eiweißverdauung sind Enzyme aus der Bauchspeicheldrüse wichtig, durch die Eiweiße zu kleinen Molekülen abgebaut und in die Blutbahn abgegeben werden. Die Darmschleimhaut bildet ebenfalls Verdauungsenzyme, die die Zerkleinerung und Aufnahme der Nährstoffe ermöglichen. Damit der Dünndarm die aufgespaltenen Nährstoffe aufnehmen kann, ist seine Oberfläche durch sogenannte Schleimhautfalten sehr stark vergrößert.

Durch wellenartige Kontraktionen der Darmwandmuskulatur wird der Darminhalt weitertransportiert, die Nährstoffe werden unterwegs von der Darmwand aufgenommen und an das Blut

!

Gallensaft und Enzyme der Bauchspeicheldrüse zerkleinern Eiweiße, Kohlenhydrate und Fette so weit, dass sie von der Dünndarmwand aufgenommen werden können.

Unser Verdauungssystem

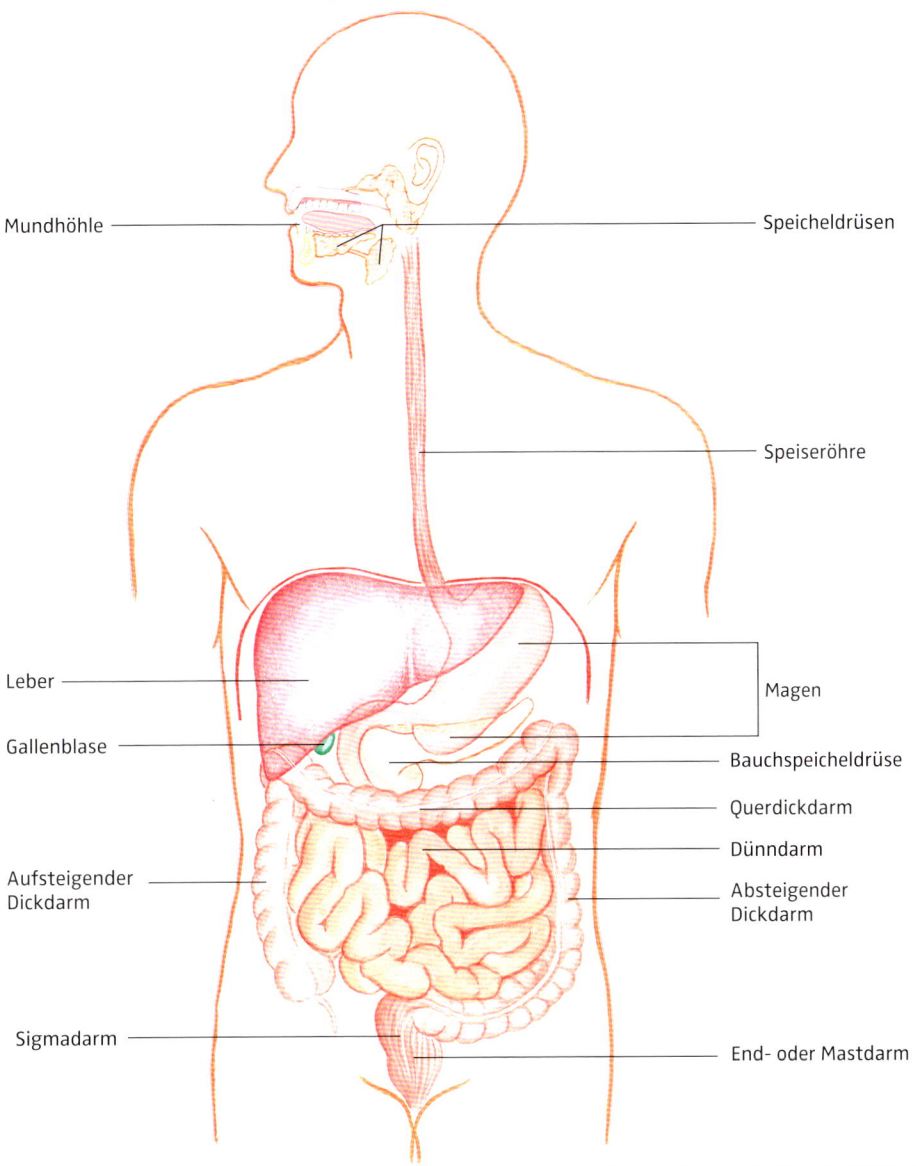

Mundhöhle

Speicheldrüsen

Speiseröhre

Leber

Magen

Gallenblase

Bauchspeicheldrüse

Querdickdarm

Dünndarm

Aufsteigender
Dickdarm

Absteigender
Dickdarm

Sigmadarm

End- oder Mastdarm

abgegeben. Das angereicherte Blut wird über die Pfortader zur Leber geleitet, diese baut die Substanzen teilweise um, damit sie von allen Körperzellen verwertet werden können. Die so bearbeiteten Nahrungsbestandteile werden wieder über das Blut an die einzelnen Zellen weitergeleitet.

Schließlich werden die unverdaulichen Nahrungsbestandteile weiter zum **Dickdarm** transportiert, wo dem Brei Wasser und Salze entzogen werden. Der eingedickte Nahrungsbrei gelangt zum **Mastdarm** und wird durch den After ausgeschieden.

Was ist leichte Vollkost?

Unser Verdauungsapparat ist außerordentlich empfindlich und unsere Ernährungs- und Lebensweise beeinflusst seine Funktion. Viele Millionen Menschen leiden an Magen-Darm-Beschwerden, besonders häufig sind Sodbrennen, saures Aufstoßen sowie Blähungen, Durchfall und Verstopfung. Solche Symptome können mit der richtigen Ernährung, wie die leichte Vollkost eine ist, gelindert werden. Darüber hinaus müssen sich Menschen mit diagnostizierten Erkrankungen des Magen-Darm-Trakts, wie Reizdarm, Magen- oder Darmgeschwür und chronisch-entzündlichen Darmerkrankungen reizarm ernähren, dafür ist die leichte Vollkost ebenfalls geeignet.

!

Die leichte Vollkost ist eine vollwertige Ernährung.

Leichte Vollkost ist eine vollwertige Ernährung, wie sie von Experten auch für gesunde Menschen empfohlen wird. Die Empfehlungen für die mengenmäßigen Anteile von Kohlenhydraten, Eiweiß und Fett unterscheiden sich also nicht von den Empfehlungen der „normalen" Kost. Auch der Energiegehalt gemessen in Kalorien ist mit dem der Vollkost identisch. Bei der leichten Vollkost werden jedoch bestimmte, stark reizende und schlecht bekömmliche Nahrungsmittel reduziert bzw. ganz weggelassen.

Darüber hinaus wird auf eine besonders schonende Zubereitung der Speisen geachtet.

Schließlich ist leichte Vollkost nicht nur bei bestimmten Beschwerden und Krankheiten geeignet, sondern wird zum Beispiel in Krankenhäusern allen serviert, die keine Vollkost, also kein „normales" Essen, vertragen.

Die leichte Vollkost ...
- ist leicht verträglich,
- deckt den Bedarf an Nährstoffen,
- berücksichtigt den individuellen Energiebedarf,
- orientiert sich an ernährungsmedizinischen Erkenntnissen zur Vorbeugung chronischer Erkrankungen und
- entspricht normalen Ernährungsgewohnheiten.

Bei Krankheiten der Verdauungsorgane wurden früher strenge Diäten empfohlen. Diese waren oft nicht nur wirkungslos, sondern bargen durch das Verbot zahlreicher Lebensmittel, Getränke und Speisen auch die Gefahr einer einseitigen Ernährung und damit einer Mangelernährung. Zudem waren die empfohlenen Speisen in der Regel nicht besonders schmackhaft. Ein paar Tage kann man von Zwieback und Haferschleim leben, aber dauerhaft sicher nicht!

Im Gegensatz dazu darf bei der leichten Vollkost fast alles gegessen werden, Ausnahmen sind nur diejenigen Lebensmittel, Getränke und Speisen, die erfahrungsgemäß sehr häufig Beschwerden auslösen. Damit ist eine ausreichende Versorgung mit allen wichtigen Nähr- und Wirkstoffen sichergestellt und der Bedarf an Energie (Kalorien) wird gedeckt. Gleichzeitig entlastet die leichte Vollkost die Verdauungsorgane sowie Leber und Galle und lindert Magen-Darm-Probleme, die nach dem Verzehr schwer bekömmlicher Lebensmittel und Speisen auftreten kön-

!

Die Zeiten der strengen, einseitigen, geschmacklosen Diäten sind vorbei. Bei der leichten Vollkost sind die meisten Lebensmittel erlaubt.

nen. Die Prinzipien der leichten Vollkost sind wissenschaftlich bestens untersucht, sie ist sehr gut verträglich.

Es ist allerdings für jeden sehr unterschiedlich, was leicht bzw. schwer bekömmlich ist. Daher gilt die generelle Ernährungsempfehlung, die Vielfalt der Lebensmittel zu nutzen und den Speiseplan nach individueller Verträglichkeit zusammenzustellen. Verbindliche Vorschriften gibt es wenige, jeder wählt, was ihm am besten bekommt. Nur einige Speisen und Getränke, die grundsätzlich belastend sind, wie beispielsweise blähende Gemüse und eiskalte Getränke, stehen bei der leichten Vollkost nicht auf dem Speiseplan.

> **!**
>
> Sie dürfen alle Nahrungsmittel auswählen, die Sie gut vertragen!

Wann ist die leichte Vollkost sinnvoll?

Bei allgemeiner Schwäche

Essen, Ernährung und Verdauung ist für unseren Körper eine anstrengende und energieaufwändige Aufgabe, die ihm ein Höchstmaß an Arbeit abverlangt. Das beginnt mit dem Kauen, der Speichelerzeugung und dem Schlucken, geht weiter mit der Arbeit des Magen-Darm-Traktes (Peristaltik) und der Erzeugung der Verdauungssäfte – etwa vier Liter am Tag! – und endet mit der Arbeit des Dickdarms. Wenn wir gesund sind und unter normalen Lebensbedingungen nehmen wir das gar nicht wahr.

Doch im Krankheitsfall ist der Körper geschwächt und er benötigt viel Energie zur Bekämpfung der Krankheit, besonders bei Infektionen wie Fieber, Grippe oder Durchfall. Aber auch bei allgemeiner Abgeschlagenheit und Schwäche oder bei Infektanfälligkeit braucht der Körper mehr Energie als sonst. In diesen Fällen ist es gut, wenn ihm durch eine leichte Vollkost die schwere „Verdauungsarbeit" erleichtert wird.

Bei Magen-Darm-Beschwerden

Zu den typischen Magen-Darm-Beschwerden gehören Völlegefühl, Sodbrennen, Blähungen, Durchfall und Übelkeit. Sie können verschiedene Ursachen haben. Bei Lebensmittelunverträglichkeiten verursachen bestimmte Lebensmittel und Getränke
diese Symptome. Weit verbreitete Krankheitsbilder sind Reizmagen und Reizdarm sowie Refluxösophagitis und Magenschleimhautentzündung. Gallensteinleiden und chronische Erkrankungen der Leber sowie der Bauchspeicheldrüse kommen ebenfalls
nicht selten vor. Aber auch Kummer, Angst und Stress können
auf den Magen schlagen, viele Menschen reagieren beispielsweise
mit Bauchschmerzen oder Durchfall, wenn eine Prüfung bevor-
steht. In all diesen Fällen kann die leichte Vollkost Abhilfe schaf-
fen.

Magen-Darm-
Beschwerden können
viele unterschiedliche
Ursachen haben –
physische wie
psychische.

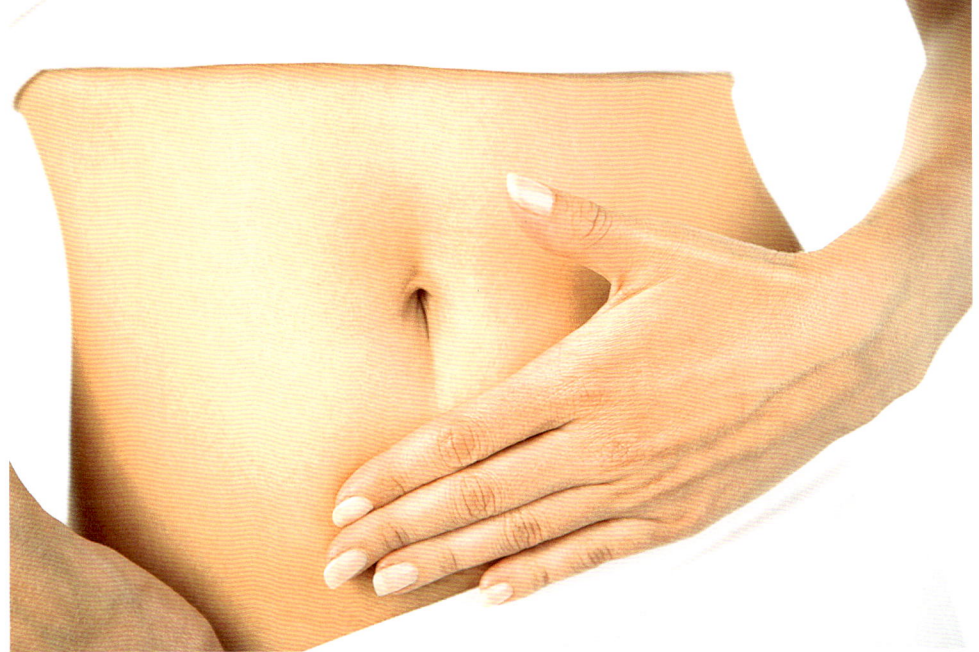

Bei welchen Erkrankungen ist die leichte Vollkost sinnvoll?
Bei Lebensmittelunverträglichkeiten und verschiedenen Erkrankungen der Verdauungsorgane kann die leichte Vollkost der richtige Weg sein. Bei folgenden Beschwerden und Krankheiten wird sie von Ärzten empfohlen:
- Unspezifische Unverträglichkeiten bestimmter Speisen, Lebensmittel und Getränke
- Sodbrennen und Refluxösophagitis (Entzündung der Speiseröhre durch Magensaft, der in die Speiseröhre gelangt)
- Entzündungen der Magenschleimhaut (Gastritiden) und der Dünndarmschleimhaut (Duodenitis)
- Reizmagen und Reizdarm
- Chronisch-entzündliche Darmerkrankungen wie Morbus Crohn und Colitis ulcerosa während der nicht-akuten Phase
- Magen- und Zwölffingerdarmgeschwür (Ulcera)
- Gallenwegs- und Gallenblasenentzündung, Gallensteine
- Chronische Bauchspeicheldrüsenentzündung (Pankreatitis)
- Unkomplizierte Erkrankungen der Leber (beispielsweise Fettleber, Anfangsstadium einer Leberzirrhose oder Hepatitis)

Nicht immer führt die leichte Vollkost zum Behandlungserfolg. Manchmal hilft nur eine strenge spezifische Diät weiter.

Viele kleine Mahlzeiten

Große Mahlzeiten belasten den Magen-Darm-Trakt. Daher ist es im Rahmen einer leichten Vollkost wichtig, viele kleine Mahlzeiten zu essen. Optimal sind sechs oder mehr am Tag. Essen Sie insgesamt möglichst regelmäßig, denn unregelmäßiges Essen führt zu Stress, was Beschwerden auslösen kann. Um Probleme während der Nachtstunden zu vermeiden, ist es ratsam, ungefähr zwei Stunden vor dem Schlafengehen nichts mehr zu sich zu nehmen.

Wichtig ist es, langsam zu essen und alle Speisen und Lebensmittel gut zu kauen. Lassen Sie sich Zeit: für eine Mahlzeit mindestens 20 Minuten, für einen Snack wenigstens 10 Minuten. Getränke stürzen Sie nicht hinunter, sondern Sie trinken schluckweise. Grundsätzlich sollten Sie in ein bis drei Etappen essen oder trinken, also immer wieder kleine Pausen einlegen. Das verbessert die Verdauung entscheidend.

Folgende Punkte sollten Sie beachten:

- Essen Sie langsam.
- Kauen Sie gründlich.
- Nehmen Sie mehrere kleine Mahlzeiten über den Tag verteilt zu sich (6 bis 8 Mahlzeiten).
- Bereiten Sie Ihre Mahlzeiten schonend zu – z. B. dünsten, garen, leicht anbraten.
- Essen Sie nicht zu heiß und nicht zu kalt.
- Essen Sie nicht zu scharf und nicht zu gewürzt.
- Meiden Sie Röststoffe, z. B. in Röstkaffee oder Bohnenkaffee, und durch intensives Anbraten.
- Verzichten Sie auf kohlensäurehaltige Getränke.
- Sorgen Sie für ausreichend Schlaf und für Entspannung.
- Treiben Sie Sport und bewegen Sie sich regelmäßig. Bewegung wirkt sich positiv auf den Darm aus.

> **!**
>
> Essen Sie insgesamt möglichst regelmäßig, denn unregelmäßiges Essen führt zu Stress, was nicht nur Magenbeschwerden auslösen kann.

Optimaler Tagesplan

Frühstück: Grau- oder Weißbrot mit Streichfett, etwas Konfitüre, einem weich gekochten Ei, magerer Wurst oder fettarmem Käse

Zwischenmahlzeit: Banane oder gedünsteter Apfel

Mittagessen: Salzkartoffeln, weißer Reis oder Nudeln mit gedünstetem Gemüse und gekochtem Fisch oder fettarmem Fleisch

Zwischenmahlzeit: Kompott mit Magerjoghurt

Abendessen: Gekochter Salat (beispielsweise Rote-Beete-Salat), Grau- oder Weißbrot mit Streichfett und fettarmem Käse oder magerer Wurst

Spätmahlzeit: Banane oder gedünsteter Apfel

Die richtigen Lebensmittel

Grundsätzlich ist bei der leichten Vollkost alles erlaubt, was Ihnen keine Beschwerden bereitet. Auf folgende Lebensmittel sollten Sie bei der Zusammenstellung Ihrer Mahlzeiten jedoch besonders achten, sie werden erfahrungsgemäß häufig **schlecht vertragen**:

- Röststoffe und Fett in großen Mengen: stark oder mit Speck angebratene, geröstete, gegrillte oder frittierte Lebensmittel, Speisen und Backwaren
- Fette und geräucherte Fleisch-, Wurst- und Fischwaren
- Hart gekochte Eier und fette Eierspeisen (beispielsweise Rührei mit Sahne) und Mayonnaisen
- Vollfette Milchprodukte (Käse mit mehr als 40 % Fett i. Tr., Sahne, Vollmilch, Landmilch, Crème fraîche, Crème double, Saure Sahne)
- Fette Brühen, Cremesuppen, fette Soßen (Sahnesoßen und Co.)
- Große Mengen Streich- oder Kochfett
- Frisches Brot und frische Backwaren, sehr fette Backwaren (Croissants), grobes Vollkornbrot
- Fette oder frittierte Kartoffelzubereitungen
- Schwer verdauliche oder blähende Gemüse wie Grün-, Rot-, Weißkohl, Rosenkohl, Wirsing, Sauerkraut, Lauch, Zwiebeln, Knoblauch, Pilze, Paprika, Oliven, Gurken und Rettich, getrocknete Hülsenfrüchte (Linsen, Erbsen, Kichererbsen oder Bohnen – nicht aber frische grüne Bohnen) und fettreiche Zubereitungen mit diesen und anderen Gemüsesorten
- Unreifes Obst, Steinobst, Nüsse, Mandeln, Pistazien, Avocados
- Fette Süßigkeiten
- Größere Mengen an scharfen Gewürzen (Pfeffer, Chili), Zwiebel- oder Knoblauchpulver
- Alkohol in jeder Form und Menge, kohlensäurehaltige Getränke

!

Halbfettbutter ist zum Braten nicht geeignet, dafür sollten Sie normale Butter verwenden.

Folgende Lebensmittel sind meist **gut verträglich:**

- Mischbrot, Weißbrot, Vollkornbrot aus fein gemahlenem Vollkornmehl, Knäckebrot. Alle Brotsorten ohne Nüsse oder grobe Körner, Reiswaffeln
- Wenig Butter und Margarine – manche vertragen nur fettarme Butter oder Margarine bzw. MCT-Margarine oder -Öl (siehe Kasten auf Seite 40)
- Putenwurst, fettarmer Käse, fettarme Wurst, Marmelade, Honig, fettarmer Brotaufstrich
- Säurearme Obstsorten wie süße Äpfel, Bananen, Birnen, Feigen, Mangos, Papayas, Weintrauben, reife Beeren, Obstsaft, Kompott
- Auberginen, Brokkoli, Chicorée, Fenchel, Karotten, Kürbis, Mais, Mangold, Spinat, Pastinaken, Rote Beete, Schwarzwurzeln, Sellerie, Spargel, Tomaten, Zucchini, Blattsalat, Gemüsesäfte
- Fettarme Fleisch- und Fischsorten bei schonender Zubereitung
- Kartoffeln, Salzkartoffeln, Pellkartoffeln, Reis, Vollkornreis, Nudeln, Vollkornnudeln, Couscous, Bulgur, Grünkern, Hirse, Polenta, Amaranth, Quinoa
- Getreideflocken (eingeweicht), Cornflakes, wenig Nüsse und Körner (eventuell vorher kochen)
- Joghurt, Kefir, Dickmilch, Buttermilch
- Früchte- oder Kräutertee, stilles Mineralwasser

Lebensmittel-Austauschtabelle: Verträglichkeiten auf einen Blick

LEBENSMITTEL	EMPFEHLENSWERT	WENIGER EMPFEHLENSWERT
Backwaren	Abgelagerte und fettarme Backwaren, Brot aus fein gemahlenem Vollkorn	Frisches Brot und Hefegebäck, grobe Brotsorten, fettreiche Backwaren
Kartoffeln	Salzkartoffeln, Pellkartoffeln, Kartoffelbrei	Fettreiche Zubereitungen wie Pommes frites, Bratkartoffeln, Rösti
Reis, Teigwaren	Fettarme Zubereitung	Fettreiche Zubereitung
Gemüse und Salat	Fettarm zubereitete zarte Gemüsesorten, z. B. Karotten, Blumenkohl, Kohlrabi, Blattsalate, Brokkoli	Schwer verdauliche, blähende Gemüsesorten, z. B. Gurken, Kohl, Zwiebeln, Paprika, Hülsenfrüchte
Obst	Reifes Obst, Kompott, Obstsäfte, Obstkonserven – möglichst ohne Zucker	Unreifes, säurehaltiges Obst, zuckerreiche Obstkonserven, Fruchtsaftgetränke
Fleisch	Mageres, zartes Fleisch, gekocht, gegrillt oder in Folie zubereitet	Fettreiche, stark gewürzte Stücke, gebraten oder geräuchert
Wurstwaren	Magere Wurstsorten, z. B. Geflügelwurst, gekochter Schinken, deutsches Corned Beef, Roastbeef	Fettreiche Wurstsorten, z. B. Salami, Leberwurst, Mettwurst, Bratwürste, geräucherte Wurstwaren
Fisch	Magere Seefische, Forelle, gekocht, gedünstet oder gegrillt	Fettreiche Fischsorten, Räucherfisch, Fisch in Konserven
Eier	Weich gekochte Eier, Eierstich, Rühreier, Pfannkuchen (mit wenig Fett zubereitet)	Hart gekochte Eier, stark gezuckerte und fettreiche Eispeisen
Milch und Milchprodukte	Alle fettarmen Sorten wie fettarme Milch, Buttermilch, Molke, Kefir, Dickmilch, Quark, fettarme Käsesorten	Fettreiche Milchprodukte, fettreiche und stark gewürzte Käsesorten, Sahne
Getränke	Malzkaffee, verdünnte Gemüse- und Obstsäfte, Kräutertees, Früchtetee, stilles Wasser	Bohnenkaffee, Alkohol, Limonaden, Colagetränke, kohlensäurehaltiges Mineralwasser

Für die leichte
Vollkost gilt: Erlaubt
ist, was vertragen
wird!

Erlaubt ist, was vertragen wird

Sie dürfen essen, was Sie vertragen. Wenn Sie unter Magen-Darm-Beschwerden leiden, ist es allerdings empfehlenswert, Lebensmittel oder Speisen zu meiden, auf die mehr als 5 Prozent der Menschen mit Beschwerden reagieren. Nach einer wissenschaftlichen Studie mit knapp 2.000 Krankenhauspatienten zählen die Lebensmittel in der nachfolgenden Tabelle dazu. Die rot gekennzeichneten Lebensmittel müssen streng gemieden werden, denn sie werden von mehr als 5 Prozent der Befragten nicht vertragen. Bei den orange gekennzeichneten Lebensmitteln ist Vorsicht geboten.

Häufigkeiten von Lebensmittelintoleranzen
Rot: in jedem Falle meiden
Orange: anfänglich vorsichtshalber meiden

INTOLERANZEN	%
1. Hülsenfrüchte	30,1
2. Gurkensalat	28,6
3. Frittierte Speisen	22,4
4. Weißkohl	20,2
5. CO_2-haltige Getränke	20,1
6. Grünkohl	18,1
7. Fette Speisen	17,2
8. Paprikagemüse	16,8
9. Sauerkraut	15,8
10. Rotkraut	15,8
11. Süße und fette Backwaren	15,8
12. Zwiebeln	15,8
13. Wirsing	15,6
14. Pommes frites	15,3

INTOLERANZEN	%
15. Hart gekochte Eier	14,7
16. Frisches Brot	13,6
17. Bohnenkaffee	12,5
18. Krautsalat	12,1
19. Mayonnaise	11,8
20. Kartoffelsalat	11,4
21. Geräuchertes	10,7
22. Eisbein	9,0
23. Sehr stark gewürzte Speisen	7,7
24. Sehr heiße und sehr kalte Speisen	7,6
25. Süßigkeiten	7,6
26. Weißwein	7,6
27. Rohes Stein- und Kernobst	7,3
28. Nüsse	7,1
29. Sahne	6,8
30. Paniert Gebratenes	6,8
31. Pilze	6,1
32. Rotwein	6,1
33. Lauch	5,9
34. Spirituosen	5,8
35. Birnen	5,6
36. Vollkornbrot	4,8
37. Buttermilch	4,5
38. Orangensaft	4,5
39. Vollmilch	4,4
40. Kartoffelklöße	4,4
41. Bier	4,4

▶▶

INTOLERANZEN	%
42. Schwarzer Tee	3,5
43. Apfelsinen	3,4
44. Honig	3,1
45. Speiseeis	2,4
46. Schimmelkäse	2,2
47. Trockenfrüchte	2,2
48. Marmelade	2,2
49. Tomaten	1,9
50. Schnittkäse	1,6
51. Camembert	1,3
52. Butter	1,2

Quelle: Rationalisierungsschema der Deutschen Gesellschaft für Ernährungsmedizin, 2004

Die richtige Zubereitung

Optimale Zubereitungsarten sind Kochen, Sieden, Garziehen (Pochieren), Garen im Dampfdrucktopf, im Römertopf oder im Folienschlauch, Dünsten im geschlossenen Topf und Garen in der Mikrowelle. Anbraten ist ungeeignet, da dabei in der Regel viel Fett benötigt wird und reichlich Röststoffe entstehen. Ein Rührei, das in einer beschichteten Pfanne zubereitet wurde, ist für viele Patienten aber kein Problem. Und es ist auch möglich, Gemüse leicht in etwas MCT-Öl (siehe Seite 40) anzubraten. Backen ist bei geringer Bräunung ebenfalls unproblematisch. Garen Sie die Lebensmittel grundsätzlich gut durch, auch Gemüse sollten Sie besser etwas zu lange als etwas zu kurz garen.

Obst und Gemüse aus der Konservendose oder dem Glas ist besser verträglich als rohes, da es bereits vorgegart ist.

> **!**
>
> Scharfes Anbraten, Frittieren und Grillen sind Zubereitungsarten, die Sie besser meiden sollten.

Das Ess-Trink-Beschwerde-Tagebuch

Bei der leichten Vollkost gibt es keine Ernährungsvorschriften, festen Pläne oder starren Regeln. Unverträglichkeiten sind individuell sehr unterschiedlich, eine einheitliche Empfehlung ist deshalb nicht möglich. Die Rezepte in diesem Buch sind getestet, die Regeln und Tipps entsprechen dem aktuellen wissenschaftlichen Stand. Aber natürlich können keine Studie und kein Arzt wissen, was einzelne Menschen vertragen.

Ein Tagebuch hilft Ihnen bei der Beobachtung Ihrer persönlichen Unverträglichkeiten.

Um Ihre persönlichen Unverträglichkeiten festzustellen und zu beobachten, ist ein Ess-Trink-Beschwerde-Tagebuch sehr hilfreich: Schreiben Sie auf, was Sie wann in welcher Menge gegessen und getrunken haben, und notieren Sie Ihre Beschwerden, wenn welche auftreten. So finden Sie heraus, welche Lebensmittel Beschwerden auslösen, diese sollten Sie strikt meiden. Nach einigen Wochen oder Monaten können Sie die Verträglichkeit noch einmal überprüfen. Dafür probieren Sie das entsprechende Lebensmittel an einem „guten Tag" aus, also an einem Tag ohne Beschwerden. Danach können Sie entscheiden, ob Sie es wieder in Ihren Ernährungsplan aufnehmen. Ausschlaggebend ist immer Ihre persönliche Erfahrung.

!

Würzen Sie unsere Rezepte kreativ mit darmberuhigenden Kräutern.

Gewürze für die Verdauung

Die meisten Kräuter und Gewürze fördern die Gesundheit, mit Salz und scharfen Gewürzen sollten Sie jedoch sparsam umgehen. Bei Magen-Darm-Beschwerden ist es ratsam, tiefgefrorene Kräuter zu verwenden oder die Kräuter mitzugaren.

Nicht nur beim Reizdarmsyndrom können scharfe Gewürze wie Pfeffer, Chili und Curry zu Irritationen der Dünndarmschleimhaut führen. Die Nährstoffe gelangen unverdaut in den Dickdarm, durch die dortige bakterielle Fermentation entstehen Gase, die den Darm aufblähen und ein Völlegefühl verursachen, welches sich schmerzhaft ausweiten kann.

Es gibt aber auch Gewürze und Küchenkräuter, die gezielt den Darm beruhigen und seine Funktion günstig beeinflussen.

Anis wirkt krampf-
lösend und lindert
Blähungen.

- Anis ist der Klassiker bei Verdauungsbeschwerden. Er wirkt krampflösend und lindert daher Blähungen. Anis wird oft zusammen mit Fenchel und Kümmel eingesetzt.
- Artischocke hat eine appetitanregende, cholesterinsenkende Wirkung und kann bei Gallenbeschwerden lindernd eingesetzt werden.
- Basilikum mildert Blähungen und Krämpfe.
- Fenchelsamen sind besonders bekömmlich, sie wirken krampflösend und lindern Blähungen.
- Flohsamen helfen sowohl bei Verstopfung als auch bei Durchfall.
- Ingwer kann bei Übelkeit, Appetitlosigkeit und Magenproblemen angewendet werden.
- Kamille ist bekannt für ihre entzündungshemmende Wirkung.
- Kümmel fördert die Durchblutung der Magen- und Darmschleimhäute und wirkt krampflösend.
- Kurkuma hilft bei vielen Verdauungsbeschwerden, z. B. Appetitlosigkeit, Völlegefühl, Übelkeit, Erbrechen, Gallenbeschwerden und Blähungen.
- Muskat ist geeignet bei Übelkeit, Durchfall und Blähungen.
- Nelkenwurz regt die Drüsen im Magen-Darm-Trakt an und hilft gegen Krämpfe.
- Pfefferminze besitzt eine krampflösende Wirkung und lindert Blähungen.
- Thymian enthält ätherische Öle und Bitterstoffe, die verdauungsfördernd sind.
- Zitronenmelisse wirkt krampflösend und lindert Blähungen.

Die richtigen Getränke

Grundsätzlich gut verträglich ist Wasser und Mineralwasser ohne Kohlensäure. Die Kohlensäure lässt sich mit einer Gabel oder einem Schneebesen aus Getränken „herausschlagen".

Alkoholische Getränke stellen grundsätzlich ein Gesundheitsrisiko dar und sollten von Menschen mit Erkrankungen des Magen-Darm-Traktes und des Leber-Galle-Systems strikt gemieden werden. Hier sollte es keine Ausnahmen geben. Inzwischen gibt es alkoholfreien Wein und Sekt, sodass Sie bei festlichen Anlässen mit anstoßen können.

Fruchtsäfte werden von vielen Menschen nicht gut vertragen, das ist insbesondere auf die enthaltene Fruchtsäure zurückzufüh-

Kohlensäure können Sie zum Beispiel mit einer Gabel aus Mineralwasser „herausschlagen".

ren. Wussten Sie, dass stillende Mütter keinen Saft von Zitrusfrüchten (z. B. Orangensaft) trinken dürfen, da ihre Babys sonst wund werden? Bei Menschen mit chronisch-entzündlichen Darmerkrankungen (Morbus Crohn oder Colitis ulcerosa) können diese Säfte den Darm übermäßig reizen. Verdünnt oder in geringen Mengen sind Säfte jedoch in der Regel recht gut verträglich. Probieren Sie es aus.

!

Reizstoffarmen Kaffee finden Sie unter der Bezeichnung „Schonkaffee" im Supermarktregal. Koffeinfreier Kaffee wird meist nicht gut vertragen.

Kräuter- und Früchtetees sind erlaubt, doch insbesondere Früchtetees sollten Sie wegen der Fruchtsäure mit reichlich Wasser aufgießen oder verdünnen. Nicht zu starker Schwarztee, Malzkaffee und reizstoffarmer Bohnenkaffee – „Schonkaffee" – ist erlaubt. Schonkaffee wird nach einem speziellen Verfahren hergestellt und enthält wenig Reizstoffe, die insbesondere bei der Röstung der Kaffeebohnen entstehen. Koffeinfreier Kaffee wird in der Regel nicht gut vertragen, da er nicht reizstoffarm ist. Das Koffein hat praktisch keinen Einfluss auf den Magen-Darm-Trakt, sondern vielmehr auf das Herz und den Blutdruck. 1 bis 2 Tassen reizstoffarmer Kaffee pro Tag werden in der Regel gut vertragen. Trinken Sie ihn am besten mit Milch (z. B. Sojamilch).

Milch ist kein Getränk, sondern vielmehr ein wertvolles Nahrungsmittel. Viele verschiedene Magen-Darm-Erkrankungen gehen mit einer Milchzuckerunverträglichkeit (siehe Seite 35) einher. In diesen Fällen können Sie auf milchzuckerfreie (laktosefreie) Milch oder auf Alternativen wie Sojamilch oder Hafermilch zurückgreifen.

Nehmen Sie täglich 1,5 bis 2 Liter Flüssigkeit zu sich. Diese Regel gilt allgemein für eine gesunde Ernährung und auch für die leichte Vollkost. Bei Durchfall oder Erbrechen müssen Sie jedoch mehr trinken, um den Flüssigkeitsverlust auszugleichen. Die Getränke sollten möglichst 30 Minuten vor oder 30 Minuten nach dem Essen aufgenommen werden. Wenn Sie zum Essen trinken, werden die Verdauungssäfte verdünnt, und das erschwert die Verdauung.

Nährstoffe in der leichten Vollkost

Wie bereits beschrieben, unterscheidet sich die leichte Vollkost hinsichtlich der Anteile der Nährstoffe nicht von der normalen Vollkost. Empfohlen wird eine Zusammensetzung von 55 bis 60 Prozent Kohlenhydraten, 10 bis 15 Prozent Eiweiß und 30 Prozent Fett. Auch der Kaloriengehalt entspricht dem der normalen Vollkost. Hier ist jedoch zu beachten, dass der Kaloriengehalt der Mahlzeiten dem Energieverbrauch entspricht.

Die leichte Vollkost beinhaltet nur gut verträgliche Nahrungsmittel, auf solche, die potenziell Beschwerden auslösen, wird verzichtet. Vor diesem Hintergrund sind bei den einzelnen Nährstoffen einige Besonderheiten zu beachten.

Energie und Körpergewicht

Energiezufuhr und Energieverbrauch bestimmen unser Körpergewicht. Führen Sie Ihrem Körper mehr Energie zu, als er verbraucht, nehmen Sie zu, führen Sie ihm weniger zu, als er verbraucht, nehmen Sie ab.

Im Durchschnitt verbrauchen junge Erwachsene mehr Energie als Senioren, sportliche Menschen verbrauchen mehr als inaktive Menschen und Männer mehr als Frauen. Der durchschnittliche Energiebedarf von Frauen liegt bei 1.800 bis 2.200 Kilokalorien und der von Männern bei 2.000 bis 2.500 Kilokalorien. Um ein optimales Gewicht zu halten, sollten Zufuhr und Verbrauch von Energie ausgewogen sein. Bei Übergewicht können Sie die Energiezufuhr beispielsweise um 500 Kilokalorien täglich vermindern, bis Sie Ihr Normalgewicht erreicht haben. Bei Untergewicht sollte Ihre Energiezufuhr mindestens 250 Kilokalorien oberhalb des Bedarfs liegen, damit Ihr Gewicht sich langsam, aber sicher normalisiert. Besprechen Sie dies mit einem Ernährungsexperten.

Kohlenhydrate

Kohlenhydrate kommen besonders umfangreich in pflanzlicher Nahrung vor. Es gibt Einfachzucker, Zweifachzucker und Vielfachzucker. Zu den Einfachzuckern gehören zum Beispiel Glukose (Traubenzucker), Fruktose (Fruchtzucker) und Galaktose (Bestandteil der Laktose). Zu den Zweifachzuckern zählen zum Beispiel Haushaltszucker und Milchzucker (Laktose), zu den Vielfachzuckern gehört Stärke.

Beim Verdauungsprozess werden die Kohlenhydratketten in ihre Zuckermoleküle (Glukose) aufgespalten, welche die eigentlichen Energielieferanten sind. Dabei werden die kurzkettigen Einfach- und Zweifachzucker schnell zerlegt, in die Körperzellen transportiert und dort als Energiequellen genutzt. Vielfachzucker hingegen werden langsamer verstoffwechselt, gelangen erst nach und nach in die Zellen und liefern über einen längeren Zeitraum Energie. Stärke gilt als Hauptreservestoff des Kohlenhydratstoffwechsels und kommt in allen höheren Pflanzen vor.

Zellulose ist ein weiterer Bestandteil von Kohlenhydraten. Sie wird vom Menschen zwar aufgenommen, aber nicht verstoffwechselt (wie von einigen Tierarten). Zellulose gilt daher als Ballaststoff.

Mit Ausnahme von Zucker und zuckerhaltigen Lebensmitteln sind kohlenhydratreiche Nahrungsmittel gesund – nicht nur für den Darm – und relativ kalorienarm. Obst, Gemüse, Kartoffeln und Getreideprodukte sind reich an wertvollen Ballaststoffen und somit ein wichtiger Bestandteil der Ernährung.

- **Getreideprodukte:** Vollkornbrot, Vollkornreis und Vollkornnudeln sind besser als Weißmehlprodukte, werden aber nicht immer gut vertragen.
- **Gemüse, Salat, Kartoffeln und Obst:** Diese Nahrungsmittel sind besonders gesund. Frische Produkte und Rohkost ist aber nicht immer gut verträglich.
- **Zucker:** Ob Haushaltszucker, Rohrzucker oder Honig – zu viel

Zucker erhöht das Körpergewicht und befördert die Bildung von Karies. Im Zweifelsfall ist hier weniger mehr.

Schonkost-Info

Insbesondere grob geschrotete Körner und Rohkost können Verdauungsprobleme fördern. Menschen, die unter Beschwerden oder Erkrankungen des Magen-Darm-Traktes leiden, sollten Rohkost und frisches Obst meiden. Sie können Gemüse und Obst aber erhitzen, schälen oder zerkleinern, dann ist es verträglicher. Ballaststoffarme Lebensmittel werden in der Regel besser vertragen als ballaststoffreiche. Führen ballaststoffreiche Speisen zu Völlegefühl und Blähungen, ist es ratsam, auf leicht verträgliche Lebensmittel umzustellen und sich langsam an die persönliche Toleranzschwelle heranzutasten.

Ballaststoffe fördern die Verdauung

Ballaststoffe gehören zu den Kohlenhydraten und sind für eine gute Darmtätigkeit besonders wichtig. Sie sind Stütz- und Strukturelemente der pflanzlichen Zellen und kommen daher praktisch nur in pflanzlichen Lebensmitteln vor.

!

Der Darm ist auf Ballaststoffe angewiesen, um funktionieren zu können.

Gute Lieferanten für Ballaststoffe sind:

- Kleie, Leinsamen, Vollkornmehl, Vollkornprodukte, Vollkornteigwaren und Müsli
- Ölsamen, Mohn, Mandeln, Roggen, Sesam, Erdnüsse, Pistazien, Nüsse, Kerne
- Gelier- und Dickungsmittel wie Guarkernmehl und Johannisbrotkernmehl
- Gemüse, Kartoffeln, Hülsenfrüchte wie Bohnen und Erbsen
- Obst, besonders Trockenobst

Ballaststoffe müssen gut quellen können, daher sollten Sie bei einer ballaststoffreichen Ernährung die empfohlene Trinkmenge auf täglich 2 bis 2,5 Liter erhöhen.

Mindestens 30 Gramm Ballaststoffe sollten Sie täglich zu sich nehmen, besser sind 45 Gramm. Um auf 30 Gramm Ballaststoffe zu kommen, essen Sie zum Beispiel: 2 Scheiben Vollkornbrot, 2 Äpfel, 3 mittelgroße Kartoffeln, eine Portion Sauerkraut und eine kleine Schüssel Rettichsalat.

Die wichtigsten Ballaststofflieferanten

NAHRUNGSMITTEL	BALLASTSTOFFE IN g/100 g
Weizenkleie	45,0
Leinsamen	38,6
Hülsenfrüchte (Dose)	18,9
Weizenkeime	17,7
Mandeln	15,2
Knäckebrot	14,0
Roggenvollkornmehl	13,9
Erdnüsse	10,9
Artischocken	10,8
Pumpernickel	9,3
Vollkornhaferflocken	9,0
Roggenvollkornbrot	8,1
Vollkornnudeln	8,0
Haselnüsse	7,4
Pistazienkerne	6,5
Walnüsse	6,1

!

Ballaststoffreiche Lebensmittel sind Sattmacher, die wenig Kalorien, aber reichlich Vitamine, Mineralstoffe und sekundäre Pflanzeninhaltsstoffe enthalten.

Ballaststoffreiche und -arme Lebensmittel

BALLASTSTOFFREICHE LEBENSMITTEL	BALLASTSTOFFARME/-FREIE LEBENSMITTEL
Vollkornbrot	Weißbrot
Vollkornreis	Geschälter Reis
Vollkornnudeln	Eierteigwaren
Obst (insbesondere Beerenobst)	Fleisch und Wurst
Gemüse (insbesondere Kohl)	Eier
Hafer-/Weizenkleie	Fisch
Nüsse und Samen (kalorienreich)	Geflügel
Vollkorngetreide (z. B. Vollkornhaferflocken)	Milch und Milchprodukte

Kohlenhydratunverträglichkeiten

Die häufigste Kohlenhydratunverträglichkeit ist die **Laktoseintoleranz** (Milchzuckerunverträglichkeit). Hier besteht ein Mangel an dem Enzym Laktase, das den Milchzucker im Dünndarm aufspaltet, und so gelangt Laktose unverdaut in den Dickdarm. Dies verursacht die Beschwerden, wie Völlegefühl, Übelkeit, Bauchschmerzen oder Durchfall. Die Laktoseintoleranz entsteht oft im Rahmen von Erkrankungen des Magen-Darm-Traktes. Bei der Ernährung steht im Vordergrund, die Aufnahme von Laktose so weit wie möglich zu reduzieren, indem zum Beispiel Milch und Milchprodukte komplett weglassen oder durch laktosefreie Produkte ersetzt werden. Zudem kann das Enzym Laktase als Tabletten eingenommen werden, dies sollten Sie jedoch mit Ihrem Arzt besprechen. Zu den laktosereichen Lebensmitteln gehören Vollmilch, Eiscreme, Molke, Kondensmilch und Milchschokolade. Hingegen sind Camembert, Parmesan, Feta, Butter oder Emmentaler fast laktosefrei. Joghurt, Speisequark, Buttermilch und Nuss-Nougat-Creme haben einen mittleren Laktosegehalt. ▶▶

Bei vielen Betroffenen genügt es, ein bestimmtes laktosereiches Lebensmittel vom Speiseplan zu streichen, um die Beschwerden zu lindern. Denn meist ist nicht die Menge an aufgenommener Laktose, sondern die Art des Lebensmittels für die Verträglichkeit entscheidend. Welches das ist, muss jeder für sich herausfinden. Fruktose (Fruchtzucker) ist ein natürlicher Bestandteil aller Obstsorten und zahlreicher Gemüsearten. Bei **Fruktoseintoleranz** oder Fruktoseunverträglichkeit kann die Fruktose im Dünndarm nicht verarbeitet werden und gelangt unverdaut in den Dickdarm. Bauchschmerzen, Blähungen und Durchfall sind die Folge. Die meisten Menschen mit Fruktoseintoleranz, so auch Reizdarmpatienten, vertragen Fruktose jedoch in bestimmten Mengen. Nahrungsmittel mit wenig Fruktose sind oft kein Problem, aber Produkte wie Honig, Konfitüre, Trockenfrüchte und Fruchtsaftgetränke haben einen hohen Fruktosegehalt und sollten gemieden werden. Die Ernährung ist davon abhängig, wie stark die Fruktoseaufnahme des Darms gestört und wie groß der Leidensdruck des Betroffenen ist.

Bei jeder Unverträglichkeit ist es notwendig herauszufinden, auf welche Lebensmittel der Magen-Darm-Trakt überempfindlich reagiert und ab welcher Verzehrmenge die Symptome auftreten. Dabei hilft ein Ess-Trink-Beschwerde-Tagebuch (siehe Seite 25).

Eiweiß

Eiweiß (Protein) ist für unseren Organismus lebensnotwendig. Es dient dem Körper als Baustoff für die Muskulatur, ist aber auch an der Bildung zahlreicher Hormone (z. B. Insulin) und Enzyme (z. B. Verdauungsenzyme) beteiligt.

!

Bevorzugen Sie pflanzliches Eiweiß.

Wenn Sie zu Darmträgheit oder Verstopfung neigen, sollten Sie die Aufnahme von fetthaltigem tierischem Eiweiß möglichst reduzieren und Ihren Eiweißbedarf mit Sojaprodukten, fettarmen Milchprodukten und Seefisch decken.

Tierisches Eiweiß ist unserem Körper ähnlicher als pflanzliches Eiweiß und kann daher effektiver umgewandelt werden. Doch durch geschickte Kombination von Nahrungseiweiß unterschiedlicher Zusammensetzung kann diese sogenannte biologische Wertigkeit eines pflanzlichen Proteins gesteigert werden. Gerade Reizdarmpatienten, die Fett nicht gut vertragen, können davon profitieren. Ideale Lebensmittelkombinationen sind:

- Kartoffeln + Hühnerei
- Hühnerei + Soja
- Hühnerei + Milch
- Milch + Kartoffeln
- Hühnerei + Mais
- Bohnen + Mais
- Rindfleisch + Kartoffeln
- Hühnerei + Weizen

Durch geschicktes Kombinieren kann die biologische Wertigkeit eines pflanzlichen Proteins gesteigert werden.

Die wichtigsten Eiweißlieferanten

LEBENSMITTEL	EIWEISS IN g/100 g
Erdnüsse	29,8
Harzer Käse	27,0
Thunfisch i. e. Saft (Dose)	25,5
Putenbrust	23,0
Mageres Schweinefleisch	22,0
Hähnchenbrustfilet	21,0
Mandeln	20,2
Magerer Schinken	20,0
Hähnchenflügel	19,0
Mageres Rindfleisch	19,0
Hackfleisch	18,9
Alaska-Seelachsfilet	18,3
Schweinebauch	18,0
Mozzarella	17,5
Hüttenkäse, 0,4 % Fett	15,5
Pangasiusfilet	13,4
Magerquark	12,2
Eiweiß	11,0
Quark, 20 % Fett	10,8
Tofu natur	10,6
Quark, 40 % Fett	9,3

Schonkost-Info

Nicht alle Eiweißträger sind gut verdaulich. Sehr schwer verdaulich sind zum Beispiel Hülsenfrüchte (inklusive Soja) sowie fettreiche oder in reichlich Fett zubereitete tierische Produkte. Besonders leicht verdaulich sind hingegen weich gekochte Eier, magerer Aufschnitt und Käse, gekochtes oder gedünstetes Fleisch, Fisch und Geflügel.

Fett

Fette bestehen hauptsächlich aus Fettsäuren. Man unterscheidet zwischen gesättigten Fettsäuren, Transfettsäuren sowie einfach und mehrfach ungesättigten Fettsäuren.

Mit der Nahrung sollten höchstens 30 Prozent der Gesamtenergiemenge in Form von Fetten zugeführt werden, und diese sollten überwiegend pflanzlichen Ursprungs sein. Die Empfehlung lautet: 10 Prozent sollte aus gesättigten, 7 bis 10 Prozent aus mehrfach ungesättigten und 10 bis 13 Prozent aus einfach ungesättigten Fettsäuren bestehen. Einfach ungesättigte Fettsäuren sind beispielsweise in Oliven- oder Rapsöl, mehrfach ungesättigte Fettsäuren beispielsweise in Maiskeimöl oder Distelöl enthalten. Gesättigte Fettsäuren befinden sich hauptsächlich in tierischen Fetten wie Fleisch, Milch und Milchprodukten, aber auch in pflanzlichen Fetten wie Kokosfett. Transfettsäuren kommen in gehärteten Fetten oder stark erhitzten Fetten vor. Reich an Omega-3-Fettsäuren sind Fettfische. Reich an Omega-6-Fettsäuren sind bestimmte Pflanzen, Samen und Pflanzenöle.

> **!**
>
> Fett ist der energiereichste Nährstoff: 1 Gramm Fett enthält 9 Kilokalorien, 1 Gramm Kohlenhydrate und 1 Gramm Eiweiß enthalten jeweils 4 Kilokalorien.

Schonkost-Info

Beim Verzehr von fettreichen Speisen kann es zu Blähungen, krampfartigen Beschwerden im Magen-Darm-Bereich und sogar Durchfall kommen. Auch hier ist nicht das Fett an sich der Übeltäter, sondern ausschlaggebend ist die Art und Menge. Eine leichte Vollkost ist daher eine Kostform mit einem moderaten Fettgehalt.

Viele Menschen, die fettreiche Speisen schlecht vertragen, vermeiden Fette grundsätzlich. Aber die Fette sind für den menschlichen Körper lebensnotwendig. Daher sollten sie nicht verteufelt, sondern nach Qualität und Quantität beurteilt werden.

Wenn Sie zu Darmträgheit oder Verstopfungen neigen, sollten Sie ausschließlich hochwertige Vitamin-E-reiche Pflanzenöle und Diät- oder Reformmargarine verwenden. Lein- und Rapsöl haben einen sehr hohen Gehalt an einfach ungesättigten Fettsäuren, die die Gefäße schützen.

Sehr gut verdaulich – auch für Menschen mit Magen-Darm-Erkrankungen sowie Krankheiten der Bauchspeicheldrüse, Leber und Gallenblase – sind MCT-Fette. Das sind Fette mit Fettsäuren mittlerer Kettenlänge (MCT = medium chain triglycerides; mittelkettige Triglyzeride), die eingesetzt werden, wenn normale Fette nicht verdaut werden können. Sie werden vom Darm leichter aufgenommen und gelangen direkt in die Leber, wo sie schneller abgebaut werden.

Nicht zuletzt enthalten einige fettreiche Lebensmittel die essenziellen Omega-3-Fettsäuren, die einen großen Anteil in der Ernährung beim Reizdarmsyndrom ausmachen sollten. Einen hohen Gehalt an Omega-3-Fettsäuren haben Leinöl, Walnussöl, Rapsöl und Sojaöl. Ausreichende Mengen befinden sich beispielsweise in Thunfisch, Lachs, Hering oder Makrele.

Bevorzugen
Sie gesunde Öle
pflanzlichen
Ursprungs.

REIZARM GENIESSEN

Die folgenden Rezepte zeigen Ihnen, wie vielfältig und abwechslungs-
reich die leichte Vollkost ist. Wir haben nur Lebensmittel verwendet,
die erfahrungsgemäß keine Beschwerden auslösen. Falls Sie das eine
oder andere trotzdem nicht vertragen, tauschen Sie es einfach gegen
bekömmlichere Alternativen aus. Als Salz empfehlen wir fluoridiertes
Jodsalz mit Folsäure. – Erlaubt ist, was bekommt!

FRÜHSTÜCKSVARIANTEN

Frischkornmüsli

Mit geschroteten Weizenkörnern

Zubereitungszeit: 10 Minuten
Einweichzeit: 10 Stunden

Eine Portion enthält:

393 kcal/1.643 kJ	61 g Kohlenhydrate
16 g Eiweiß	16 g Ballaststoffe
9 g Fett	

Zutaten für 2 Portionen

100 g geschrotete Weizenkörner

2 TL Honig

2 milde Äpfel, z. B. Golden Delicious

2 EL Leinsamen

2 EL Haferkleie

etwas Zimt

150 g fettarmer Kefir

Zubereitung

1 Die geschroteten Weizenkörner in eine Schale geben. Mit Wasser auffüllen, den Honig einrühren und die Körner über Nacht im Kühlschrank einweichen. Am Morgen das Wasser abgießen.

2 Die Äpfel schälen, Kerngehäuse ausstechen und die Äpfel grob raffeln.

3 Leinsamen, Haferkleie, Zimt und Kefir unter die Körner rühren. Äpfel untermischen, das Müsli mit Honig abschmecken und servieren.

SCHONKOST-TIPP

Wer nur gelegentlich Müsli isst, reagiert darauf oft mit Blähungen. Gewöhnen Sie Ihren Magen-Darm-Trakt nach und nach daran.
Geschrotete Weizenkörner werden leichter verdaulich, wenn sie 10 Minuten in Wasser gedünstet werden.
Bei hartnäckiger Verstopfung hilft es, wenn Sie 2 EL Milchzucker zufügen und die Leinsamenmenge erhöhen.

Schichtmüsli
Lecker crunchy

Zubereitungszeit: ca. 15 Minuten
Backzeit ca. 25 Minuten

Eine Portion enthält:

373 kcal/1.559 kJ　　58 g Kohlenhydrate

13 g Eiweiß　　6 g Ballaststoffe

9 g Fett

Zutaten für 2 Portionen

4 EL Haferflocken

2 TL Sesamsamen

2 TL Leinsamen

1 TL Rapsöl

1 Msp. Zimt

2 ½ EL Honig

1 milder Apfel, z. B. Golden Delicious
(ca. 150 g)

300 g fettarmer Naturjoghurt

KÜCHENTIPP

Bereiten Sie das Müsli und das Apfelmus am Abend vorher zu. Dann müssen Sie morgens alles nur noch in die Gläser schichten.

Zubereitung

1 Backofen auf 175 °C (Ober- und Unterhitze) vorheizen.

2 Haferflocken, Sesamsamen, Leinsamen, Öl, Zimt und 2 EL Honig in einer Schüssel vermischen. Ein Backblech mit Backpapier belegen, die Mischung darauf verteilen und im heißen Ofen 15 bis 20 Minuten rösten. Zwischendurch mit einem Kochlöffel durchmischen. Am Ende der Backzeit aus dem Ofen nehmen und abkühlen lassen.

3 Apfel schälen, vierteln, entkernen und in grobe Stücke schneiden. Mit 50 ml Wasser in einen kleinen Topf geben und einkochen lassen. Mit einer Gabel zerdrücken und abkühlen lassen.

4 Joghurt mit dem restlichen Honig verrühren und abwechselnd mit dem Apfelmus schichtweise in zwei Gläser füllen. Die Müslimischung daraufstreuen und servieren.

SCHONKOST-TIPP

Wer Probleme mit der Verdauung hat, kann das Rapsöl durch MCT-Öle ersetzen (siehe Seite 40).

Birnenmüsli
Besonders aromatisch

Zubereitungszeit: 15 Minuten
Quellzeit: 15 Minuten

Eine Portion enthält:

463 kcal/1.935 kJ	78 g Kohlenhydrate
16 g Eiweiß	8 g Ballaststoffe
9 g Fett	

Zutaten für 2 Portionen

2 mittelgroße Birnen (ca. 300 g)

1 TL Walnussöl

Zimt

Vanillearoma

6 EL Vollkornhaferflocken

2 EL Rosinen

100 ml Buttermilch

300 ml fettarme Dickmilch

2 TL Zucker

Zubereitung

1 Birnen waschen, vierteln, entkernen und in kleine Würfel schneiden. Öl erhitzen und die Birnen darin andünsten, Zimt und Vanillearoma und bei Bedarf etwas Wasser dazugeben.

2 Haferflocken und Rosinen in die Buttermilch geben und 15 Minuten quellen lassen.

3 Dickmilch mit Zucker verrühren und die abgekühlten Birnenstücke und die Haferflocken-Rosinen-Masse untermischen.

Erdbeermüsli
Für den Obstkick am Morgen

Zubereitungszeit: 10 Minuten
Quellzeit: 15 Minuten

Eine Portion enthält:

275 kcal/1.147 kJ	43 g Kohlenhydrate
11 g Eiweiß	4 g Ballaststoffe
5 g Fett	

Zutaten für 2 Portionen

300 g fettarmer Naturjoghurt

4 EL Vollkornhaferflocken

2 TL Cranberrys

2 TL Honig

150 g Erdbeeren

Zubereitung

1 Joghurt mit Haferflocken, Cranberrys und Honig verrühren und ca. 15 Minuten quellen lassen.

2 Erdbeeren waschen, putzen und Beeren vierteln. Früchte vorsichtig unter das Müsli mengen und gleich servieren.

Erdbeer-Melonen-Salat mit Hüttenkäse

Sommerlich-frisch

Zubereitungszeit: ca. 15 Minuten

Eine Portion enthält:

257 kcal/1.072 kJ   36 g Kohlenhydrate

14 g Eiweiß   2 g Ballaststoffe

5 g Fett

Zutaten für 2 Portionen

350 g Wassermelone

200 g Erdbeeren

3 Zweige Minze

1 EL Kokossirup

1 EL Ahornsirup oder flüssiger Honig

2 TL milder Apfelsaft

200 g Hüttenkäse

Zubereitung

1   Wassermelone schälen und in schmale Scheiben schneiden. Erdbeeren waschen, putzen und ebenfalls in schmale Scheiben schneiden. Minzblättchen von den Stängeln zupfen, waschen und trocknen.

2   Kokossirup, Ahornsirup und Apfelsaft unter den Hüttenkäse mischen, Erdbeeren und Melonen vorsichtig unterheben. Auf zwei Schälchen verteilen und mit den Minzblättchen garnieren.

Toast mit Kresse-Quark

Würzig-frisch

Zubereitungszeit: ca. 10 Minuten

Eine Portion enthält:

216 kcal/903 kJ   32 g Kohlenhydrate

14 g Eiweiß   3 g Ballaststoffe

3 g Fett

Zutaten für 2 Portionen

4 Scheiben Toast

4 geh. EL Magerquark (ca. 120 g)

1 EL fettarme Milch

4 EL Kresse

Salz

Pfeffer

Zubereitung

1   Brot toasten. Quark und Milch mit einem Schneebesen glatt rühren. Kresse waschen, gut abtropfen lassen und unter den Quark rühren.

2   Kresse-Quark salzen und pfeffern, auf die Toastscheiben streichen und servieren.

Baguettebrötchen mit Camembert und Zuckermelone
Herzhaft-süß

Zubereitungszeit: ca. 10 Minuten	
Eine Portion enthält:	
288 kcal/1.204 kJ	39 g Kohlenhydrate
16 g Eiweiß	2 g Ballaststoffe
7 g Fett	

Zutaten für 2 Portionen
2 Baguettebrötchen

4 Blätter Eisbergsalat

100 g Camembert, 30 % Fett i. Tr.

250 g Zuckermelone, z. B. Galia

Zubereitung
1 Baguettebrötchen halbieren. Salatblätter waschen, trockentupfen und die unteren Brötchenhälften damit belegen.

2 Camembert in schmale Scheiben schneiden. Melone schälen und in schmale Spalten schneiden. Camembert und Melonenspalten auf den Baguettebrötchen verteilen, Deckel auflegen und die Brötchen servieren.

Kräuterrührei

Mit Roggenbrötchen

Zubereitungszeit: 10 Minuten
Garzeit: ca. 3 Minuten

Eine Portion enthält:

248 kcal/1.035 kJ	22 g Kohlenhydrate
11 g Eiweiß	3 g Ballaststoffe
12 g Fett	

Zutaten für 2 Portionen

2 Eier

1 EL gehackte Kräuter, z. B. Petersilie

2 EL fettarme Milch

Salz

Pfeffer

2 TL Rapsöl

2 Roggenbrötchen

2 TL Halbfettbutter oder -margarine

Zubereitung

1 Eier aufschlagen, Kräuter, Milch und etwas Salz und Pfeffer zugeben und mit einem Schneebesen verquirlen.

2 Rapsöl in einer beschichteten Pfanne erhitzen. Die Eiermasse hineingeben und bei mittlerer Hitze ca. 3 Minuten garen. Ab und zu mit einem Pfannenwender sanft zerteilen.

3 Brötchen halbieren, buttern und zu dem Rührei servieren.

Frühlingsomelette

Mit frischen Kräutern

Zubereitungszeit: 5 Minuten
Garzeit: ca. 10 Minuten

Eine Portion enthält:

212 kcal/887 kJ	1 g Kohlenhydrate
12 g Eiweiß	0 g Ballaststoffe
18 g Fett	

Zutaten für 2 Portionen

3 Eier

2 EL fettarme Milch

Salz

Pfeffer

1 EL gehackter Dill

1 EL gehackte Petersilie

1 EL Rapsöl

Zubereitung

1 Eier aufschlagen, Milch, Salz und Pfeffer zugeben und mit einer Gabel verquirlen. Dill und Petersilie untermengen.

2 Das Öl in einer beschichteten Pfanne erhitzen und die Eiermasse in die Pfanne geben. Bei mittlerer Hitze 6 bis 8 Minuten stocken lassen, Omelette einmal wenden und weitere 2 Minuten garen lassen. Omelette in Streifen schneiden und sofort servieren.

Schinken-Käse-Pancakes

Der amerikanische Klassiker mal herzhaft

**Zubereitungszeit: 5 Minuten
Garzeit: ca. 10 Minuten**

Eine Portion enthält:

473 kcal/1.977 kJ	33 g Kohlenhydrate
36 g Eiweiß	2 g Ballaststoffe
21 g Fett	

Zutaten für 2 Portionen

2 Eier

200 g Magerquark

4 geh. EL Mehl, Typ 550

5 EL ger. Käse, 30 % Fett i. Tr.

1 EL gehackte Petersilie

Salz

Pfeffer

2 Scheiben gekochter Schinken

1 EL Rapsöl

Zubereitung

1 Eier in einer Schüssel mit dem Quark mixen, Mehl unterrühren. Den geriebenen Käse, Petersilie, Salz und Pfeffer dazugeben und unterheben.

2 Gekochten Schinken in schmale Streifen schneiden. Die Hälfte des Öls in einer beschichteten Pfanne erhitzen, den Schinken darin anbraten und unter den Teig rühren.

3 Restliches Öl in die Pfanne geben und aus dem Teig kleine Pancakes backen. Heiß servieren.

Porridge mit Beerenmix
Lecker fruchtig

Zubereitungszeit: 10 Minuten
Garzeit: ca. 20 Minuten

Eine Portion enthält:

413 kcal/1.728 kJ	72 g Kohlenhydrate
13 g Eiweiß	11 g Ballaststoffe
7 g Fett	

Zutaten für 2 Portionen

Porridge

6 geh. EL Vollkornhaferflocken oder Vollkornflocken

½ TL Zimt

2 Nelken

2 geh. EL Cranberrys

2 TL brauner Zucker

200 ml fettarme Milch

Beerenmix

100 g Heidelbeeren

100 g Erdbeeren

100 g Brombeeren

1 TL Vanillezucker

Zubereitung

1 In einem kleinen Topf Getreideflocken mit ½ l Wasser, Zimt und Nelken zum Kochen bringen. Bei schwacher Hitze ca. 15 Minuten quellen lassen. Die Cranberrys zufügen und weitere 5 Minuten quellen lassen.

2 Die Nelken entfernen und den Zucker unterrühren. Die Milch in einem zweiten Topf erhitzen und unter den Getreidebrei rühren.

3 Die Beeren vorsichtig waschen, putzen und mit Zucker vermengen. Beeren mit dem Porridge servieren.

Melonen-Bananen-Smoothie

Mit Buttermilch

Zubereitungszeit: ca. 10 Minuten

Eine Portion enthält:

221 kcal/923 kJ	45 g Kohlenhydrate
5 g Eiweiß	2 g Ballaststoffe
1 g Fett	

Zutaten für 2 Portionen

500 g Zuckermelone, z. B. Galia

1 Banane (ca. 150 g)

1 EL Zitronensaft

150 ml Buttermilch

150 ml Orangensaft

Zimt

Zubereitung

1 Melone schälen, Kerne entfernen und Fruchtfleisch in grobe Stücke schneiden. Banane ebenfalls schälen und in grobe Scheiben schneiden.

2 Melonen- und Bananenstücke in ein hohes Mixglas geben. Zitronensaft, Buttermilch und Orangensaft dazugeben und kräftig durchmixen.

3 Smoothie in zwei große Gläser gießen und mit etwas Zimt bestreut servieren.

Mango-Karotten-Drink
Mit Ahornsirup

Zubereitungszeit: ca. 10 Minuten

Eine Portion enthält:

200 kcal/838 kJ	32 g Kohlenhydrate
3 g Eiweiß	3 g Ballaststoffe
6 g Fett	

Zutaten für 2 Portionen
1 Mango (ca. 450 g)

2 TL Olivenöl

2 EL Zitronensaft

400 ml Karottensaft

2 TL Ahornsirup

Zubereitung
1 Die Mango schälen, das Fruchtfleisch vom Kern schneiden und grob würfeln. Zusammen mit dem Öl, dem Zitronensaft und dem Karottensaft in ein hohes Mixglas geben.

2 Alles fein mixen, zum Schluss den Ahornsirup unterrühren. In zwei große Gläser gießen und servieren.

SCHONKOST-TIPP

Wenn Sie keine Zitrussäfte vertragen, lassen Sie den Zitronensaft einfach weg.

Mango-Smoothie
Mit Kefir

Zubereitungszeit: ca. 5 Minuten

Eine Portion enthält:

171 kcal/714 kJ	34 g Kohlenhydrate
4 g Eiweiß	3 g Ballaststoffe
1 g Fett	

Zutaten für 2 Portionen
1 Banane (ca. 120 g)

200 g Mangofruchtfleisch (1 kleine Mango)

200 ml Mangosaft

100 ml Kefir

Zubereitung
1 Banane schälen. Banane und Mangofruchtfleisch in grobe Stücke schneiden und in ein hohes Mixglas geben

2 Mangosaft und Kefir zugießen und das Ganze kräftig durchmixen. Falls der Smoothie zu dickflüssig ist, kann er mit etwas kaltem Wasser verdünnt werden.

3 In zwei große Gläser gießen und gleich servieren.

SCHONKOST-TIPP

Wenn Sie auf Fruchtsäfte generell mit Unverträglichkeiten reagiert, können Sie die Kefirmenge erhöhen und den Saft weglassen.

SUPPEN, HAUPTGERICHTE UND BEILAGEN

Kürbis-Ingwer-Suppe

Exotische Herbstsuppe

Zubereitungszeit: ca. 15 Minuten
Garzeit: ca. 25 Minuten

Eine Portion enthält:

190 kcal/795 kJ	26 g Kohlenhydrate
6 g Eiweiß	6 g Ballaststoffe
6 g Fett	

Zutaten für 2 Portionen

350 g Hokkaidokürbis

2 mittelgroße Kartoffeln (ca. 160 g)

1 Stück frischer Ingwer (ca. 30 g)

2 TL Kürbiskernöl oder Rapsöl

½ l Gemüsebrühe

Salz

Pfeffer

Kurkuma

Zubereitung

1 Kürbis waschen, entkernen und in grobe Würfel schneiden. Kartoffeln waschen, schälen und ebenfalls grob würfeln. Ingwer schälen und in feine Würfel schneiden.

2 Öl erhitzen und die Kürbis- und Kartoffelwürfel darin andünsten, Ingwer kurz mitdünsten und die Gemüsebrühe zugeben. Suppe aufkochen lassen und 15 bis 20 Minuten bei mittlerer Hitze köcheln lassen.

3 Suppe mit Salz, Pfeffer und Kurkuma würzen und mit einem Pürierstab fein mixen. Abschmecken und heiß servieren.

Kartoffelcremesuppe mit Kräutercroûtons

Fein und bekömmlich

Zubereitungszeit: 10 Minuten
Garzeit: ca. 25 Minuten

Eine Portion enthält:

273 kcal/1.139 kJ	36 g Kohlenhydrate
9 g Eiweiß	5 g Ballaststoffe
10 g Fett	

Zutaten für 2 Portionen

4 mittelgroße Kartoffeln (ca. 320 g)

2 TL Rapsöl

400 ml Gemüsebrühe

100 ml fettarme Milch

1 Scheibe helles Toastbrot

1 TL Butter

2 Zweige Petersilie

Salz

Pfeffer

Muskatnuss

Zubereitung

1 Kartoffeln schälen, waschen und in grobe Würfel schneiden. Öl in einem kleinen Topf erhitzen und Kartoffelwürfel darin andünsten. Gemüsebrühe und Milch zugeben, Suppe aufkochen und bei mittlerer Hitze ca. 20 Minuten köcheln lassen.

2 Toastbrot in Würfel schneiden, Butter in einer kleinen beschichteten Pfanne erhitzen und Brotwürfel darin anbraten, Petersilie waschen, trocknen, die Blättchen von den Stängeln zupfen und fein hacken. Petersilie zu den Brotwürfeln in die Pfanne geben und vermengen.

3 Suppe mit Salz, Pfeffer und Muskatnuss würzen und mit einem Mixstab fein pürieren. Kräutercroûtons über die Suppe streuen und gleich servieren.

Wärmende Karottensuppe
Mit Ingwer

Zubereitungszeit: ca. 25 Minuten
Garzeit: ca. 40 Minuten

Eine Portion enthält:

211 kcal/883 kJ	22b g Kohlenhydrate
8 g Eiweiß	9 g Ballaststoffe
10 g Fett	

Zutaten für 2 Portionen

5 Karotten (ca. 400 g)

Salz

Pfeffer

1 EL Olivenöl

1 EL Honig

¾ l Gemüsebrühe

1 Stück Ingwer (ca. 20 g)

2 Zweige Dill

Zubereitung

1 Backofen auf Grillfunktion vorheizen.

2 Karotten schälen, putzen und der Länge nach vierteln. In eine feuerfeste Auflaufform geben und mit Salz und Pfeffer würzen. Öl, Honig und etwas Gemüsebrühe dazugeben und die Karotten im heißen Ofen 10 Minuten rösten, zwischendurch einmal wenden.

3 Inzwischen den Ingwer schälen und in feine Würfel schneiden.

4 Die Form aus dem Backofen nehmen, etwas Gemüsebrühe zugießen und den Bratensatz mit einem Pfannenwender lösen. Den Inhalt der Auflaufform zusammen mit dem Ingwer in einen mittleren Topf geben. Mit restlicher Brühe auffüllen und ca. 30 Minuten garen.

5 Dill waschen, abzupfen und fein hacken.

6 Alles mit einem Pürierstab fein mixen und mit Salz und Pfeffer abschmecken. Suppe mit Dill garniert servieren.

Italienische Zucchinicremesuppe

Gesund und lecker

Zubereitungszeit: ca. 20 Minuten
Garzeit: ca. 25 Minuten

Eine Portion enthält:

260 kcal/1.086 kJ	18 g Kohlenhydrate
16 g Eiweiß	4 g Ballaststoffe
13 g Fett	

Zutaten für 2 Portionen

2 Zucchini (ca. 300 g)

2 mittelgroße Kartoffeln (ca. 160 g)

1 EL Olivenöl

2 TL getrocknete Kräuter, z. B. Oregano, Basilikum, Thymian

Salz

Pfeffer

½ l Gemüsebrühe

2 Ecken Schmelzkäse, 30 % Fett i. Tr. (60 g)

2 getrocknete Tomaten

Zubereitung

1 Zucchini waschen, schälen und putzen, Karotten schälen und putzen. Beide Gemüse grob würfeln.

2 In einem mittleren Topf das Olivenöl erhitzen, Gemüse und getrocknete Kräuter darin andünsten und mit Salz und Pfeffer würzen. Gemüsebrühe zugeben und 15 bis 20 Minuten bei mittlerer Hitze köcheln lassen.

3 Suppe mit einem Pürierstab fein mixen, den Schmelzkäse hineingeben und unter Rühren schmelzen lassen.

4 Tomaten in feine Streifen schneiden und über die Suppe geben.

Gemüse-Reis-Pfanne mit Seelachs

Braucht etwas Zeit

Zubereitungszeit: 20 Minuten
Garzeit: ca. 1 Stunde

Eine Portion enthält:

419 kcal/1.750 kJ	50 g Kohlenhydrate
36 g Eiweiß	7 g Ballaststoffe
7 g Fett	

Zutaten für 2 Portionen

150 ml Gemüsebrühe

1 kleines Lorbeerblatt

50 g Vollkornreis

50 g heller Reis

2 kleine Seelachsfilets (à ca. 130 g)

2 TL Zitronensaft

Salz

1 junger Kohlrabi (ca. 300 g)

2 junge Karotten (ca. 160 g)

1 kleine Zucchini (ca. 120 g)

1 TL Rapsöl

150 ml Fischfond

Pfeffer

4 Zweige frischer Dill

EINKAUFSTIPP

Für das Gericht ist auch TK-Fisch geeignet. Achten Sie beim Kauf auf das MSC-Zeichen, das für garantiert nachhaltige Fischerei steht.

Zubereitung

1 Gemüsebrühe zum Kochen bringen. Lorbeerblatt und Vollkornreis hineingeben und 30 Minuten bei mittlerer Hitze köcheln lassen. Am Ende der Garzeit den hellen Reis zugeben und weitere 20 Minuten garen lassen.

2 Fisch waschen, trocknen, mit Zitronensaft beträufeln und leicht salzen.

3 Kohlrabi und Karotten schälen, Zucchini waschen, trocknen und putzen. Alles in etwa gleich große Stücke schneiden.

4 Öl in einem Topf erhitzen, Kohlrabi und Karotten darin andünsten, Fischfond zugeben und ca. 5 Minuten bei mittlerer Hitze köcheln lassen. Zucchini zugeben, salzen und pfeffern. Fisch auf das Gemüse legen, den Topf schließen und das Ganze 5 bis 8 Minuten garen.

5 Dill waschen, trocknen, Dillspitzen von den Stängeln zupfen und fein hacken.

6 Fisch herausnehmen und kurz warmstellen, Gemüse unter den fertig gegarten Reis mischen, das Lorbeerblatt entfernen und das Gericht abschmecken. Mit Dill bestreuen und mit dem Fisch servieren.

SCHONKOST-TIPP

Seelachs ist sehr fettarm – besonders, wenn er gedünstet statt gebraten wird.

Frühlings-Lachs-Pasta
Mit viel Gemüse

Zubereitungszeit: 15 Minuten
Garzeit: ca. 20 Minuten

Eine Portion enthält:

664 kcal/2.774 kJ	52 g Kohlenhydrate
42 g Eiweiß	6 g Ballaststoffe
31 g Fett	

Zutaten für 2 Portionen

2 Lachsfilets (à ca. 120 g)

1 TL Zitronensaft

Salz

1 junge Karotte (ca. 80 g)

1 kleine Zucchini (ca. 120 g)

120 g Pasta, z. B. Penne

2 TL Rapsöl

2 TL Mehl, Typ 550

1 kleines Glas Fischfond (200 ml)

100 ml fettarme Milch

Pfeffer

1 Stück Parmesan (ca. 40 g)

2 Zweige Dill

SCHONKOST-TIPP

Wenn Sie Zitronensaft nicht vertragen, tasten Sie sich vorsichtig heran. Häufig werden geringe Mengen, wie in diesem Rezept, gut toleriert.

Zubereitung

1 Fischfilets waschen, mit dem Zitronensaft beträufeln und salzen. Karotte und Zuccini waschen, trocknen, putzen und in schmale Streifen schneiden.

2 Reichlich Salzwasser zum Kochen bringen und Nudeln nach Packungsanweisung al dente garen. 4 Minuten vor Ende der Garzeit das Gemüse zu den Nudeln geben und mitkochen lassen.

3 Öl erhitzen, Mehl zugeben und mit einem Schneebesen zügig verrühren. Unter ständigem Rühren – damit keine Klümpchen entstehen – etwas Fischfond zugießen. Restlichen Fond und Milch nach und nach unter Rühren zugeben. Die Soße aufkochen und mindestens 1 Minute sprudelnd kochen lassen, salzen und pfeffern. Die Temperatur reduzieren und Fischfilets in die heiße, aber nicht mehr kochende Soße legen und bei mittlerer Temperatur 5 bis 8 Minuten garen.

4 Parmesan fein reiben, Dill waschen, Blättchen von den Stängeln zupfen und fein hacken.

5 Lachsfilets aus der Soße nehmen und warm stellen. Abgetropfte Gemüsenudeln und Dill unter die Soße mengen, nochmals abschmecken und zusammen mit dem Lachs und dem Parmesan servieren.

Spirelli
mit Hack-Gemüse-Soße
Schmeckt der ganzen Familie

Zubereitungszeit: ca. 15 Minuten
Garzeit: ca. 25 Minuten

Eine Portion enthält:

586 kcal/2.449 kJ	51 g Kohlenhydrate
37 g Eiweiß	6 g Ballaststoffe
25 g Fett	

Zutaten für 2 Portionen

120 g Spirelli, ohne Ei

Salz

1 Zucchini (ca. 120 g)

1 Karotte (ca. 100 g)

1 EL Olivenöl

150 g Rinderhack

1 EL Tomatenmark

300 ml Tomatensaft

Pfeffer

1 Prise Zucker

getrocknete Kräuter, z. B. Oregano, Thymian, Rosmarin, Basilikum

½ Kugel Mozzarella (ca. 60 g)

Zubereitung

1 Nudeln in Salzwasser nach Packungsanweisung al dente garen.

2 Zucchini waschen, putzen und in Würfel schneiden. Karotte schälen und in kleine Würfel schneiden.

3 Olivenöl in einem mittleren Topf erhitzen, Hackfleisch darin krümelig braten, Tomatenmark und Gemüse zugeben und kurz mit anbraten. Mit Tomatensaft ablöschen, mit Salz, Pfeffer, Zucker und Kräutern würzen und 2 bis 3 Minuten köcheln lassen.

4 Mozzarella in kleine Würfel schneiden.

5 Nudeln abgießen und in eine Schüssel geben, Hack-Gemüse-Soße darüber gießen und mit den Nudeln vermengen. Mozzarella darüber verteilen und gleich servieren.

SCHONKOST-TIPP

Variieren Sie bei den Gemüsesorten nach Verträglichkeit. Lecker schmecken auch Kohlrabi, Fenchel, Kürbis oder frischer Spinat.

Vegetarische Lasagne
Mit Kürbis

Zubereitungszeit: ca. 20 Minuten
Backzeit: ca. 40 Minuten

Eine Portion enthält:

245 kcal/1.025 kJ	32 g Kohlenhydrate
11 g Eiweiß	5 g Ballaststoffe
8 g Fett	

Zutaten für 2 Portionen

1 kleine Zucchini (ca. 120 g)

150 g Hokkaidokürbis

1 TL Olivenöl

250 g passierte Tomaten

getrocknete Kräuter, z. B. Thymian, Oregano, Basilikum

Pfeffer

Salz

1 Prise Zucker

1 Scheibe Gouda, 30 % Fett i. Tr. (ca. 30 g)

Fett für die Form

4 Lasagneblätter

Zubereitung

1 Den Backofen auf 200 °C (Ober- und Unterhitze) vorheizen.

2 Zucchini waschen, putzen und in dünne Scheiben schneiden. Kürbis ebenfalls waschen, putzen, entkernen und in ca. 2 cm große Würfel schneiden.

3 Öl erhitzen und die Kürbiswürfel darin ca. 5 Minuten andünsten, Zucchinischeiben zugeben und weitere 2 Minuten dünsten. Passierte Tomaten zugeben und aufkochen lassen. Mit Kräutern, Pfeffer, Salz und Zucker würzen.

4 Den Käse in ca. 2 cm breite Streifen schneiden.

5 In einer gefetteten Auflaufform abwechselnd Gemüsesoße und Lasagneblätter übereinander schichten. Mit Gemüsesoße abschließen und Goudastreifen gitterförmig auf die Lasagne legen. Lasagne ca. 40 Minuten überbacken.

SCHONKOST-TIPP

Probieren Sie bei den Gemüsesorten ruhig auch Ihre Lieblingsgemüse aus. Sehr lecker schmeckt frischer Blattspinat mit Fetakäse.

Gulasch mit Kartoffeln und Karotten

Etwas Warmes für kalte Tage

**Zubereitungszeit: 10 Minuten
Garzeit: ca. 2 Stunden 10 Minuten**

Eine Portion enthält:

435 kcal/1.818 kJ	27 g Kohlenhydrate
38 g Eiweiß	6 g Ballaststoffe
19 g Fett	

Zutaten für 2 Portionen

3 mittelgroße Kartoffeln (ca. 240 g)

2 Karotten (ca. 160 g)

1 EL Rapsöl

250 g gemischtes Gulaschfleisch

1 geh. EL Tomatenmark

Salz

Pfeffer

Paprikapulver edelsüß

400 ml Fleischbrühe

1 TL Stärke

Zubereitung

1 Kartoffeln und Karotten schälen, waschen und in ½ cm dicke Scheiben schneiden.

2 Öl in einem großen, feuerfesten Topf erhitzen und das Fleisch darin rundherum 3 bis 5 Minuten anbraten. Tomatenmark zugeben und kurz mitanrösten, mit Salz, Pfeffer und Paprika würzen und mit Fleischbrühe ablöschen. Kartoffeln und Karotten zugeben, das Gulasch aufkochen lassen und zugedeckt bei mittlerer Hitze 1 ½ bis 2 Stunden schmoren lassen.

3 Am Ende der Garzeit das Gulasch abschmecken, Stärke mit etwas kaltem Wasser glatt rühren und in das kochende Gulasch einrühren, 1 Minute kochen lassen und servieren.

Schweinemedaillons „Italia"

Mit Tomaten und Mozzarella

Zubereitungszeit: ca. 15 Minuten
Garzeit: ca. 15 Minuten

Eine Portion enthält:

341 kcal/1.423 kJ	1 g Kohlenhydrate
29 g Eiweiß	1 g Ballaststoffe
24 g Fett	

Zutaten für 2 Portionen

250 g Schweinefilet

Salz

Pfeffer

1 EL Olivenöl

2 Tomaten (ca. 300 g)

1 Kugel Mozzarella, fettreduziert (125 g)

1 Handvoll frische Basilikumblätter

Zubereitung

1 Das Schweinefilet in 6 gleich große Stücke schneiden, diese salzen und pfeffern. Öl in einer beschichteten Pfanne leicht erhitzen und die Medaillons darin von beiden Seiten ca. 2 Minuten sanft anbraten.

2 Tomaten waschen, halbieren, Stängelansatz herausschneiden und die Tomatenhälften in schmale Scheiben schneiden. Mozzarella ebenfalls in schmale Scheiben schneiden. Basilikumblätter waschen und in schmale Streifen schneiden.

3 Backofen auf 200 °C (Ober- und Unterhitze) vorheizen.

4 Medaillons in eine feuerfeste Form legen und Tomaten, Mozzarella und Basilikumblätter dachziegelartig darauf verteilen. Im heißen Ofen ca. 10 Minuten überbacken.

Fruchtige Hähnchenbrust
Mit mediterranem Fenchelgemüse

Zubereitungszeit: ca. 20 Minuten
Garzeit: ca. 25 Minuten

Eine Portion enthält:

281 kcal/1.174 kJ	8 g Kohlenhydrate
33 g Eiweiß	8 g Ballaststoffe
12 g Fett	

Zutaten für 2 Portionen

4 Zweige Zitronenthymian

1 TL Olivenöl

1 TL Honig

2 kleine Hähnchenbrustfilets (à ca. 120 g)

Salz

Pfeffer

1 große Fenchelknolle (ca. 450 g)

1 Handvoll frische Kräuter, z. B. Oregano,
Rosmarin und Majoran

1 ½ EL Olivenöl

Zubereitung

1 Thymianzweige waschen, trocknen, Blättchen abzupfen und grob hacken, mit Öl und Honig vermengen. Fleisch abspülen, trocken tupfen, mit dem Gewürzöl bestreichen und mit Salz und Pfeffer würzen.

2 Backofen auf 180 °C (Ober- und Unterhitze) vorheizen.

3 Fenchelknolle putzen, das Grün beiseitelegen. Die Knolle halbieren, den Strunk herausschneiden und Fenchel in schmale Spalten schneiden. Die Kräuter waschen, trocknen, die Blättchen bzw. Nadeln von den Stängeln zupfen und grob zerkleinern.

4 Eine beschichtete Pfanne leicht erhitzen. ½ EL Öl hineingeben und das Fleisch ca. 4 Minuten sanft anbraten. Die Filets herausnehmen, in eine feuerfeste Form legen und ca. 15 Minuten im Ofen garen.

5 Inzwischen das restliche Öl in der Pfanne, in der das Fleisch gebraten wurde, erhitzen. Die Fenchelspalten darin ca. 4 Minuten anbraten, mit Salz und Pfeffer würzen, etwa 50 ml Wasser zugießen und aufkochen lassen. Einen Deckel auflegen und den Fenchel ca. 5 Minuten bei mittlerer Hitze köcheln lassen. Mit Salz und Pfeffer abschmecken, Kräuter und Fenchelgrün zugeben und zu den Hähnchenfilets servieren.

BEILAGENTIPP

Dazu passen unsere überbackenen Nudel-Tomaten-Nester. Rezept siehe Seite 83.

Gefüllte Hähnchenbrust mit Tomaten-Dip

Mit frischen Kräutern

Zubereitungszeit: ca. 15 Minuten
Garzeit: ca. 10 Minuten

Eine Portion enthält:

310 kcal/1.296 kJ	4 g Kohlenhydrate
41 g Eiweiß	1 g Ballaststoffe
14 g Fett	

Zutaten für 2 Portionen

40 g Schafskäse

2 getrocknete Tomaten

2 Hähnchenbrustfilets (à ca. 150 g)

Salz

Pfeffer

1 Zweig Basilikum

1 Zweig Zitronenthymian

2 EL Kondensmilch

1 EL süßer Senf

1 Prise Zucker

1 Schuss Balsamessig

100 g Cocktailtomaten

1 EL Olivenöl

etwas Fleischbrühe

HINWEIS

Dazu passt ein knackiger, bunter Blattsalat und ein Körnerbrötchen oder ein knuspriges Baguette.

Zubereitung

1 Schafskäse in zwei Stücke teilen. Getrocknete Tomaten grob zerkleinern. Die Hähnchenbrüste mit kaltem Wasser abspülen, abtrocknen und mit einem scharfen Messer jeweils waagrecht eine Tasche in das Fleisch schneiden. Innen und außen leicht salzen und pfeffern und mit Schafskäse und den getrockneten Tomaten füllen. Kräuter waschen, Blättchen abzupfen und die Hälfte davon ebenfalls in die Fleischtaschen füllen, mit Holzstäbchen verschließen.

2 In einer kleinen Schüssel die restlichen Kräuter mit Kondensmilch, Senf, Salz, Pfeffer, Zucker und Essig zu einem Dip rühren. Cocktailtomaten waschen, halbieren und in kleine Würfel schneiden und unter den Dip mengen.

3 Öl in einer beschichteten Pfanne leicht erhitzen und die beiden vorbereiteten Hähnchenbrüste darin von beiden Seiten 3 bis 5 Minuten schwach anbraten. Etwas Fleischbrühe zugeben, Deckel auflegen, Hitze reduzieren und weitere 5 Minuten garen.

4 Hähnchen mit dem Dip servieren.

Überbackene Nudel-Tomaten-Nester

Sieht besonders schön aus

**Zubereitungszeit: 20 Minuten
Garzeit: ca. 25 Minuten**

Eine Portion enthält:

525 kcal/2.197 kJ	60 g Kohlenhydrate
29 g Eiweiß	5 g Ballaststoffe
18 g Fett	

Zutaten für 2 Portionen

160 g Spaghetti

Salz

200 g Cocktailtomaten

1 Handvoll frische Kräuter, z. B. Basilikum,

Thymian, Rosmarin

1 EL Olivenöl

2 TL Tomatenmark

Pfeffer

Zucker

60 g Schafskäse, fettreduziert

1 Kugel Mozzarella, fettreduziert (ca. 120 g)

HINWEIS

Wenn Sie das Gericht als Beilage planen, brauchen Sie weniger Nudeln: 50 bis 60 g pro Portion.

Zubereitung

1 Spaghetti in reichlich Salzwasser nach Packungsanweisung al dente garen.

2 Cocktailtomaten waschen, trocknen und halbieren und vierteln. Kräuter waschen, trocknen, Blättchen bzw. Nadeln von den Stängeln zupfen und grob hacken.

3 Backofen auf 200 °C (Ober- und Unterhitze) vorheizen.

4 Öl erhitzen und Tomaten darin andünsten, Tomatenmark zugeben und kurz mitbraten. 1 bis 2 Schöpfkellen Nudelwasser zugießen und aufkochen lassen. Soße mit Salz, Pfeffer, Zucker und Kräutern würzen. Schafskäse in acht Portionen zerteilen. Mozzarella in feine Scheiben schneiden.

5 Abgetropfte und kalte abgespülte Nudeln in 8 Portionen aufteilen und über vier Finger zu Nestern wickeln, dabei mit dem Daumen festhalten. Nudelnester in eine feuerfeste Auflaufform setzen, jeweils ein Schafskäsestück in die Nester setzen und mit der Tomatensoße übergießen. Mozzarella auf den Nestern verteilen und im heißen Ofen ca. 15 Minuten überbacken.

Kartoffelbrei mit Safran

Feines Püree

<table>
<tr><td colspan="2">Zubereitungszeit: 10 Minuten
Garzeit: ca. 20 Minuten</td></tr>
</table>

Eine Portion enthält:

235 kcal/984 kJ	32 g Kohlenhydrate
6 g Eiweiß	5 g Ballaststoffe
9 g Fett	

Zutaten für 2 Portionen

5 mittelgroße Kartoffeln (ca. 400 g)

Salz

100 ml fettarme Milch

½ Döschen Safran

1 EL Olivenöl

Pfeffer

Muskatnuss

Zubereitung

1 Kartoffeln schälen und in Stücke schneiden. In Salzwasser zugedeckt ca. 20 Minuten gar kochen lassen.

2 Die Kartoffeln abgießen, etwas abkühlen lassen. Milch sanft erwärmen und Safran einrühren. Lauwarme Safranmilch und Öl zu den Kartoffeln geben und mit einem Kartoffelstampfer fein zerdrücken. Mit Pfeffer und Muskatnuss würzen.

Gebratener Hokkaido mit Salbeibutter

Aromatische Beilage

Zubereitungszeit: 10 Minuten
Garzeit: ca. 10 Minuten

Eine Portion enthält:

163 kcal/680 kJ	14 g Kohlenhydrate
1 g Eiweiß	5 g Ballaststoffe
11 g Fett	

Zutaten für 2 Portionen

450 g Hokkaidokürbis

1 EL Rapsöl

2 TL Honig

1 EL Weißweinessig

Salz

Pfeffer

einige Zweige Salbei

1 TL Butter

Zubereitung

1 Kürbis waschen, Kerne entfernen und Kürbis in kleine Würfel schneiden. Öl erhitzen und Kürbiswürfel darin bei starker Hitze 5 bis 6 Minuten anbraten. Honig darüberträufeln und kurz karamellisieren lassen. Mit Essig ablöschen, salzen und pfeffern.

2 Salbeizweige waschen, trocknen und Blätter abzupfen. Butter in einem kleinen Topf schmelzen, Salbei zugeben und knusprig braten. Salbeibutter über den Kürbis geben und gleich servieren.

Gebratener grüner Spargel

Weckt Frühlingsgefühle

Zubereitungszeit: 10 Minuten
Garzeit: ca. 10 Minuten

Eine Portion enthält:

188 kcal/784 kJ	5 g Kohlenhydrate
11 g Eiweiß	3 g Ballaststoffe
13 g Fett	

Zutaten für 2 Portionen

500 g grüner Spargel

1 TL Butter

1 TL Olivenöl

2 getrocknete Tomaten

Salz

Pfeffer

4 EL Balsamessig

1 Stück Parmesan (ca. 40 g)

Zubereitung

1 Spargel waschen, putzen, das untere Drittel schälen und den Spargel in ca. 3 cm lange Stücke schneiden.

2 Butter und Öl in einer beschichteten Pfanne erhitzen. Tomaten in schmale Streifen schneiden. Spargel und Tomaten in die Pfanne geben und 3 bis 5 Minuten unter ständigem Rühren anbraten. Mit Essig ablöschen, etwas Wasser zufügen, mit Salz und Pfeffer würzen und einige Minuten köcheln lassen.

3 Parmesan reiben und über den Spargel streuen, gleich servieren.

Pommes frites

So sind Pommes bekömmlich!

**Zubereitungszeit: 10 Minuten
Backzeit: 35 Minuten**

Eine Portion enthält:

244 kcal/1.020 kJ	27 g Kohlenhydrate
4 g Eiweiß	4,5 g Ballaststoffe
12 g Fett	

Zutaten für 2 Portionen

3 große festkochende Kartoffeln (ca. 450 g)

2 EL Olivenöl

2 TL ungeschälter Sesam

Salz

Zubereitung

1 Den Backofen auf 225 °C (Ober- und Unterhitze) vorheizen.

2 Kartoffeln schälen, waschen und in 1 cm dicke Stifte schneiden. Sofort in einer Schüssel mit Öl, Sesam und Salz mischen.

3 Kartoffelstifte auf einem mit Backpapier ausgelegten Backblech verteilen. Im Backofen auf der zweiten Schiene von unten ca. 35 Minuten backen, in dieser Zeit zweimal wenden.

ABENDESSEN UND HERZHAFTE ZWISCHENMAHLZEITEN

Strammer Max
Gruß aus Bayern

Zubereitungszeit: 5 Minuten
Garzeit: ca. 5 Minuten

Eine Portion enthält:

326 kcal/1.363 kJ	27 g Kohlenhydrate
20 g Eiweiß	2 g Ballaststoffe
15 g Fett	

Zutaten für 2 Portionen

2 Scheiben Roggenbrot (ca. 120 g)

1 TL Halbfettbutter oder -margarine

2 Scheiben gekochter Schinken

1 TL Rapsöl

2 Eier

Salz

Pfeffer

Zubereitung

1 Brotscheiben dünn mit Butter bzw. Margarine bestreichen. Schinkenscheiben auf die Brote legen.

2 Öl in einer kleinen, beschichteten Pfanne erhitzen und die Eier zu zwei Spiegeleiern braten. Leicht salzen und pfeffern und auf die beiden Schinkenbrote legen. Sofort servieren.

Ampel-Bruschetta

Sieht besonders schön aus

Zubereitungszeit: ca. 10 Minuten

Eine Portion enthält:

216 kcal/901 kJ   31 g Kohlenhydrate

6 g Eiweiß   3 g Ballaststoffe

7 g Fett

Zutaten für 2 Portionen

150 g Cocktailtomaten (gelb und rot)

1 Handvoll frische Basilikumblätter

etwas frischer Rucola

2 TL Olivenöl

Salz

Pfeffer

6 Scheiben Ciabatta

Zubereitung

1 Tomaten waschen, halbieren und vierteln. Basilikum und Rucola waschen, trocknen und fein schneiden.

2 Tomaten, Basilikum und Rucola in eine Schüssel geben. Öl, Salz und Pfeffer dazugeben und alles gut vermengen.

3 Brotscheiben toasten, die Tomatenmasse darauf verteilen und sofort servieren.

Käse-Rührei mit Tomate

Leichter Snack

Zubereitungszeit: 10 Minuten
Garzeit: ca. 4 Minuten

Eine Portion enthält:

200 kcal/838 kJ	3 g Kohlenhydrate
10 g Eiweiß	1 g Ballaststoffe
17 g Fett	

Zutaten für 2 Portionen

2 Eier

2 EL fettarme Milch

Salz

Pfeffer

2 EL geriebener Emmentaler, 45 % Fett i. Tr.

1 TL gehackte Petersilie

1 TL Öl

2 Tomaten (ca. 300 g)

1 Handvoll Basilikumblätter

Zubereitung

1 Eier in eine kleine Schüssel aufschlagen, Milch zugeben und mit einem Schneebesen kräftig verschlagen. Mit Salz und Pfeffer würzen, Käse und Petersilie zugeben und nochmals gut verrühren.

2 Öl in einer kleinen, beschichteten Pfanne erhitzen und die Eiermasse zugeben. Bei mittlerer Hitze 3 bis 4 Minuten stocken lassen.

3 In der Zwischenzeit die Tomaten waschen, halbieren, den Strunk herausschneiden. Tomaten in schmale Scheiben schneiden, salzen und pfeffern. Basilikumblätter waschen und in schmale Streifen schneiden und über die Tomatenscheiben streuen.

4 Käse-Rührei zusammen mit den Tomaten servieren.

Überbackener Zucchinitoast

Mit vielen Kräutern

Zubereitungszeit: 20 Minuten
Garzeit: 10–12 Minuten

Eine Portion enthält:

200 kcal/836 kJ	15 g Kohlenhydrate
10 g Eiweiß	2 g Ballaststoffe
11 g Fett	

Zutaten für 2 Portionen

1 kleine Zucchini (ca. 120 g)

1 TL Olivenöl

2 Scheiben Vollkorntoast

½ TL Tomatenmark

Salz

Pfeffer

getrocknete Kräuter, z. B. Rosmarin, Thymian, Oregano

1 Stück Parmesan (ca. 40 g)

Zubereitung

1 Den Grill des Backofens vorheizen. Zucchini waschen, trocknen, putzen und in schmale Scheiben schneiden. Eine kleine Auflaufform mit Olivenöl einfetten und die Zucchinischeiben darin verteilen. 5 bis 10 Minuten grillen.

2 Toastscheiben leicht toasten, mit Tomatenmark bestreichen und auf ein Blech legen. Zucchini auf den Toastscheiben verteilen, mit Salz, Pfeffer und Kräutern würzen. Parmesan grob reiben und die Toasts damit bestreuen.

3 Die Toasts einige Minuten im heißen Ofen überbacken, bis der Käse schmilzt.

Fleisch-Gemüse-Küchlein

Dazu passt knackiger Blattsalat

Zubereitungszeit: ca. 15 Minuten
Garzeit: 8–10 Minuten

Eine Portion enthält:

357 kcal/1.492 kJ	12 g Kohlenhydrate
31 g Eiweiß	2 g Ballaststoffe
21 g Fett	

Zutaten für 2 Portionen

1 Karotte (ca. 80 g)

1 Stück Zucchini (ca. 60 g)

150 g Rinderhack

1 Ei

2 geh. EL Magerquark (ca. 60 g)

1 EL Paniermehl

Salz

Pfeffer

1 EL Rapsöl

Zubereitung

1 Karotte schälen und putzen, Zucchini waschen und putzen. Beides grob raspeln und mit Hackfleisch, Ei, Quark und Paniermehl gut vermengen. Den Hackfleischteig mit Salz und Pfeffer würzen und kleine Küchlein daraus formen.

2 Öl in einer beschichten Pfanne erhitzen und die Küchlein darin rundum knusprig braten.

Neue Kartoffeln mit rotem Quark

Gelingt leicht

Zubereitungszeit: 15 Minuten
Garzeit: 10–20 Minuten

Eine Portion enthält:

309 kcal/1.290 kJ	41 g Kohlenhydrate
14 g Eiweiß	6 g Ballaststoffe
9 g Fett	

Zutaten für 2 Portionen

500 g neue Kartoffeln

Salz

4 geh. EL Magerquark (ca. 120 g)

2 EL fettarme Milch

1 EL rotes Pesto (Glas)

Pfeffer

4 Cocktailtomaten

2 Zweige Basilikum

Zubereitung

1 Kartoffeln in etwas gesalzenem Wasser ca. 20 Minuten garen oder in einem Dampfdrucktopf ca. 10 Minuten dämpfen.

2 Quark mit Milch in eine kleine Schüssel geben und mit einem Schneebesen glatt rühren. Pesto, Salz und Pfeffer zugeben.

3 Tomaten und Basilikum waschen und trocknen. Tomaten in kleine Würfel schneiden, Basilikumblätter abzupfen und in schmale Streifen schneiden. Beides unter den Quark mengen und die Kartoffeln mit dem Quark servieren.

Schneller Nudelsalat

Mit leichtem Dressing

Zubereitungszeit: ca. 10 Minuten
Garzeit: ca. 8 Minuten
Marinierzeit: 1 Stunde

Eine Portion enthält:

269 kcal/1.124 kJ   23 g Kohlenhydrate

11 g Eiweiß   3 g Ballaststoffe

15 g Fett

Zutaten für 2 Portionen

60 g Penne

Salz

8 Cocktailtomaten

1 Handvoll Rucola

1 Stück Schafskäse (ca. 60 g)

1 EL Olivenöl

1 EL weißer Balsamessig

2 EL fettarmer Naturjoghurt (ca. 40 g)

Pfeffer

2 Zweige Basilikum

Zubereitung

1 Die Nudeln in Salzwasser nach Packungsanweisung al dente garen. Etwas Nudelwasser aufheben.

2 Tomaten waschen und vierteln. Rucola waschen, trocknen und mundgerecht zerkleinern. Schafskäse grob würfeln. Alles zusammen mit den abgetropften Nudeln in eine Schüssel geben.

3 Aus Öl, Essig und Joghurt eine Salatsoße rühren, pfeffern und salzen. Die Soße mit etwas Nudelwasser unter die vorbereiteten Zutaten mengen.

4 Basilikum waschen, trocknen und Blättchen in feine Streifen schneiden. Über den Nudelsalat streuen und mindestens 1 Stunde ziehen lassen.

Lauwarmer Tomaten-Mozzarella-Salat

Mit angebratenen Tomaten

Zubereitungszeit: 10 Minuten
Garzeit: ca. 2 Minuten

Eine Portion enthält:

348 kcal/1.453 kJ	8 g Kohlenhydrate
15 g Eiweiß	3 g Ballaststoffe
28 g Fett	

Zutaten für 2 Portionen

600 g Cocktailtomaten

2 EL Olivenöl

1 EL Balsamessig

Salz

Pfeffer

125 g Mozzarella

2 Zweige Basilikum

Zubereitung

1   Tomaten waschen und trocknen. 1 EL Öl in einer beschichteten Pfanne erhitzen und die Tomaten darin 1 bis 2 Minuten anbraten – nur kurz garen, die Tomaten sollen nur aufplatzen.

2   Tomaten in eine Schüssel geben, Essig, restliches Öl, Salz und Pfeffer zugeben und vorsichtig mischen.

3   Mozzarella in kleine Würfel schneiden. Basilikum waschen, trocknen, Blättchen von den Stängeln zupfen und in schmale Streifen schneiden. Mozzarella und Basilikum unter die Tomaten mengen und den Salat gleich servieren.

Schinken-Käse-Salat
Sieht hübsch aus

Zubereitungszeit: ca. 10 Minuten

Eine Portion enthält:

237 kcal/990 kJ	10 g Kohlenhydrate
18 g Eiweiß	1 g Ballaststoffe
13 g Fett	

Zutaten für 2 Portionen

2 Scheiben Schnittkäse, 45 % Fett i. Tr.,

z. B. Gouda (60 g)

2 Scheiben gekochter Schinken (60 g)

3 EL Mandarinen (Dose)

2 geh. EL Spargelstücke (Dose)

2 EL fettarmer Naturjoghurt (ca. 40 g)

2 EL Mandarinensaft

1 TL Senf

Salz

Pfeffer

1 EL geh. Petersilie

Zubereitung

1   Käse und Schinken in schmale Streifen schneiden. Mandarinen und Spargelstücke gut abtropfen lassen.

2   Joghurt mit Mandarinensaft und Senf gut verrühren. Salz, Pfeffer und die Petersilie zugeben. Das Dressing unter die vorbereiteten Zutaten mengen.

KÜCHENTIPP

Das Rezept lässt sich natürlich auch mit frischem Spargel und frischen Mandarinen zubereiten. Da diese Zutaten allerdings nicht das ganze Jahr über erhältlich sind, haben wir hier die ebenfalls leckere „Dosenvariante" beschrieben.

Italienischer Roastbeef-Salat

Etwas Besonderes

Zubereitungszeit: ca. 15 Minuten	
Eine Portion enthält:	
267 kcal/1.115 kJ	2 g Kohlenhydrate
25 g Eiweiß	2 g Ballaststoffe
18 g Fett	

Zutaten für 2 Portionen

1 Handvoll Rucola

6 Cocktailtomaten

1 kleines Stück Parmesan (ca. 40 g)

einige Blätter Basilikum

120 g Roastbeef-Aufschnitt

1 EL Olivenöl

1 EL Balsamessig

Salz

Pfeffer

Zubereitung

1 Rucola verlesen, waschen und trocknen. Tomaten waschen, trocknen und vierteln. Parmesan in feine Scheiben hobeln. Basilikumblätter waschen, trocknen und in feine Streifen schneiden.

2 Roastbeef-Scheiben auf einem großen Teller anrichten. Rucola mit den Tomatenvierteln vermischen und in die Mitte geben. Parmesanscheiben darauf verteilen.

3 Das Ganze mit Öl und Essig beträufeln, salzen, pfeffern und Basilikum darüber streuen.

Griechischer Hüttenkäse
Dazu passt ein knackiger Salat

Zubereitungszeit: 5 Minuten

Eine Portion enthält:

248 kcal/1.037 kJ	5 g Kohlenhydrate
25 g Eiweiß	0 g Ballaststoffe
15 g Fett	

Zutaten für 2 Portionen

1 kleines Stück Schafskäse (40 g)

4 milde, schwarze Oliven, ohne Stein

200 g Hüttenkäse

2 TL gehackte Kräuter, z. B. Basilikum, Thymian, Oregano

Salz

Pfeffer

Zubereitung

1 Schafskäse zerbröckeln, Oliven in kleine Würfel schneiden.

2 Hüttenkäse mit Kräutern, Salz und Pfeffer verrühren. Schafskäse und Oliven untermengen.

SCHONKOST-TIPP

Die schwarzen Oliven sind besser verträglich als die grünen. Alternativ können Sie auch Olivenpaste verwenden.

Grüne Camembertcreme
Mit Basilikum

Zubereitungszeit: ca. 5 Minuten
Ruhezeit: ca. 30 Minuten

Eine Portion enthält:

134 kcal/560 kJ	2 g Kohlenhydrate
12 g Eiweiß	0 g Ballaststoffe
9 g Fett	

Zutaten für 2 Portionen

2 Ecken Camembert, 30 % Fett i. Tr. (60 g)

2 EL fettreduzierter Frischkäse

2 EL Magerquark (ca. 50 g)

4 Stiele Basilikum

Salz

Pfeffer

Paprikapulver edelsüß

1 Prise gemahlener Kümmel

Zubereitung

1 Camembert in kleine Stücke schneiden und zusammen mit Frischkäse und Quark in eine Schüssel geben. Mit einer Gabel zu einer geschmeidigen Masse verarbeiten.

2 Basilikum waschen, trocknen, Blätter von den Stielen zupfen und in schmale Streifen schneiden. Camembert mit den Basilikumstreifen und den Gewürzen vermengen und ca. 30 Minuten durchziehen lassen. Abschmecken und servieren.

Ziegenkäseaufstrich
Mit Oliven

Zubereitungszeit: 5 Minuten

Eine Portion enthält:

147 kcal/614 kJ	3 g Kohlenhydrate
7 g Eiweiß	0 g Ballaststoffe
12 g Fett	

Zutaten für 2 Portionen

2 geh. EL Ziegenfrischkäse

2 EL fettarmer Naturjoghurt (ca. 40 g)

2 EL Magerquark (ca. 50 g)

4 milde, schwarze, entsteinte Oliven

1 TL Zitronensaft

Salz

Pfeffer

Zubereitung

1   Ziegenkäse in einer Schüssel mit einer Gabel zerdrücken, mit Joghurt und Quark vermengen.

2   Oliven in kleine Würfel schneiden und mit Zitronensaft, Salz und Pfeffer unter die Masse rühren.

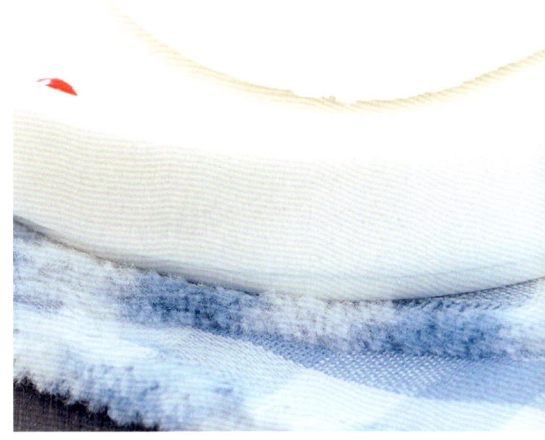

Gefüllte Tomaten mit Kräuterquark

Lecker mit Reis

Zubereitungszeit: ca. 10 Minuten	
Eine Portion enthält:	
85 kcal/354 kJ	7 g Kohlenhydrate
11 g Eiweiß	1 g Ballaststoffe
1 g Fett	

Zutaten für 2 Portionen

2 Tomaten (ca. 300 g)

Salz

Pfeffer

4 geh. EL Magerquark (ca. 120 g)

2 EL fettarmer Naturjoghurt (ca. 40 g)

2 EL fettarme Buttermilch oder Milch

2 TL gemischte, frische Kräuter, z. B. Petersilie und Dill

Zubereitung

1　Tomaten waschen, trocknen und das obere Drittel als Deckel abschneiden. Tomaten mit einem Esslöffel aushöhlen und das Innere salzen und pfeffern.

2　Quark, Joghurt und Buttermilch oder Milch mit einem Schneebesen glatt rühren. Mit Salz, Pfeffer und Kräutern würzen. Kräuterquark in die Tomaten füllen und den Deckel auflegen.

Roastbeef-Wrap

Fruchtig mit Mango-Chutney

Zubereitungszeit: ca. 10 Minuten

Eine Portion enthält:

125 kcal/521 kJ	18 g Kohlenhydrate
10 g Eiweiß	1 g Ballaststoffe
2 g Fett	

Zutaten für 2 Portionen

2 Weizentortillas

1 EL fettarmer Naturjoghurt (ca. 20 g)

1 TL Mango-Chutney (Glas)

Salz

Pfeffer

2 Blätter Eisbergsalat

4 dünne Scheiben Roastbeef (ca. 40 g)

Zubereitung

1 Weizentortillas in der Mikrowelle oder im Ofen erwärmen. Joghurt und Mango-Chutney miteinander verrühren und mit Salz und Pfeffer würzen.

2 Tortillas mit dem Joghurt bestreichen. Die Salatblätter waschen, trocknen und auf die Tortillas geben. Die Roastbeefscheiben darauf verteilen, Tortillas aufrollen und gleich servieren.

Spargel-Schinken-Rollen

Gut vorzubereiten

Zubereitungszeit: ca. 10 Minuten
Garzeit: ca. 30 Minuten

Eine Portion enthält:

159 kcal/663 kJ	3 g Kohlenhydrate
18 g Eiweiß	3 g Ballaststoffe
7 g Fett	

Zutaten für 2 Portionen

12 Stangen Spargel (ca. 200 g)

Salz

1 EL Zitronensaft

4 Scheiben gek. Schinken

1 TL gehackte Petersilie

Zubereitung

1 Spargel schälen und putzen. Reichlich Salzwasser zum Kochen bringen, Zitronensaft und Spargelstangen ins Wasser geben und den Spargel in 20 bis 30 Minuten weich kochen.

2 Spargel gut abtropfen lassen und abkühlen lassen. Je drei Spargelstangen in eine Scheibe gekochten Schinken einrollen und mit gehackter Petersilie bestreut servieren.

SCHONKOST-TIPP

Durch den Zitronensaft behält der Spargel seine Farbe. Wenn Sie jedoch auch kleinste Mengen nicht vertragen, streichen Sie den Zitronensaft von der Zutatenliste.

Puten-Panini

Ideal für unterwegs

Zubereitungszeit: ca. 10 Minuten

Eine Portion enthält:

188 kcal/788 kJ	26 g Kohlenhydrate
12 g Eiweiß	2 g Ballaststoffe
4 g Fett	

Zutaten für 2 Portionen

2 Baguettebrötchen

1 EL fettarmer Naturjoghurt (ca. 20 g)

1 TL fettreduzierte Mayonnaise

Salz

Pfeffer

2 Kopfsalatblätter

2 Scheiben Putenbrust

1 EL Mandarinen (Dose)

1 EL Kresse

Zubereitung

1 Baguettebrötchen halbieren. Joghurt mit Mayonnaise verrühren, salzen und pfeffern. Die unteren Brötchenhälften damit bestreichen.

2 Salatblätter waschen und trocknen, zusammen mit Putenbrust und Mandarinen auf den Brötchenhälften verteilen. Alles mit Kresse bestreuen, die Deckel auflegen und gleich servieren.

SCHONKOST-TIPP

Ersetzen Sie Mayonnaise durch einen fettreduzierten Frischkäse.

Camembert-Kornspitz

Zum Mitnehmen

Zubereitungszeit: ca. 10 Minuten

Eine Portion enthält:

250 kcal/1.044 kJ	31 g Kohlenhydrate
14 g Eiweiß	5 g Ballaststoffe
8 g Fett	

Zutaten für 2 Portionen

2 Kornspitze oder Mehrkornstangen

1 TL Halbfettbutter

2 Ecken Camembert, 30 % Fett i. Tr. (ca. 60 g)

1 kleine Tomate (ca. 100 g)

2 EL Kresse

Salz

Pfeffer

Zubereitung

1 Kornspitz der Länge nach halbieren und die zwei unteren Hälften mit der Butter bestreichen. Camembert in schmale Scheiben schneiden. Tomate waschen, trocknen, Strunk herausschneiden und Tomatenhälften in schmale Scheiben schneiden. Kresse waschen und gut abtropfen lassen.

2 Camembertscheiben auf den gebutterten Kornspitzhälften verteilen, Tomatenscheiben darauf verteilen, leicht salzen und pfeffern und mit Kresse bestreuen. Deckel auflegen und gleich servieren.

Roquefortbrötchen

Ideal für unterwegs

<table>
<tr><td colspan="2">**Zubereitungszeit: ca. 10 Minuten**</td></tr>
<tr><td colspan="2">**Eine Portion enthält:**</td></tr>
<tr><td>208 kcal/870 kJ</td><td>23 g Kohlenhydrate</td></tr>
<tr><td>11 g Eiweiß</td><td>2 g Ballaststoffe</td></tr>
<tr><td>8 g Fett</td><td></td></tr>
</table>

Zutaten für 2 Portionen

2 Sesambrötchen

2 EL Roquefort

2 EL Magerquark

1 EL Milch

Salz

Pfeffer

1 Zweig Petersilie

Zubereitung

1 Sesambrötchen halbieren.

2 Roquefort in eine kleine Schüssel krümeln. Quark und Milch zugeben und alles glatt rühren. Mit Salz und Pfeffer würzen.

3 Petersilie waschen, trocknen, Petersilienblättchen abzupfen und fein hacken.

4 Käsemasse auf den unteren Brötchenhälften verteilen und mit Petersilie bestreuen, Deckel darauf legen und gleich servieren.

SERVIERTIPP

Die Roquefortmasse schmeckt auch lecker als Dip zu frischem Gemüse wie z. B. Karottensticks oder Stangensellerie.

SÜSSE VERSUCHUNGEN

Gelbe Fruchtgrütze
Schmeckt nach Sommer

Zubereitungszeit: ca. 25 Minuten

Eine Portion enthält:

257 kcal/1.074 kJ	52 g Kohlenhydrate
4 g Eiweiß	4 g Ballaststoffe
2 g Fett	

Zutaten für 2 Portionen

1 reife Mango (ca. 450 g)

2 reife Pfirsiche (ca. 250 g)

250 g Zuckermelone, z. B. Galia

3 EL milder Apfelsaft

4 EL fettarmer Naturjoghurt (ca. 80 g)

1 EL Vanillezucker

Zubereitung

1 Mango schälen. Das Fruchtfleisch vom Kern lösen und in Würfel schneiden. Pfirsiche waschen, halbieren, Stein entfernen und ebenfalls in Würfel schneiden. Melone entkernen, schälen und ebenfalls würfeln.

2 Apfelsaft mit einem Drittel der Mangowürfel in ein hohes Mixglas geben und fein pürieren. Mangomus mit Pfirsichen und Melonen vorsichtig vermengen und in zwei Dessertschalen füllen.

3 Joghurt mit dem Vanillezucker vermengen und in Klecksen auf die Fruchtgrütze setzen.

KÜCHENTIPP

Wenn Sie Mango nicht vertragen, können Sie auch andere Früchte verwenden.

Aprikosen-Vanille-Dessert

Gut vorzubereiten

Zubereitungszeit: ca. 20 Minuten
Kühlzeit: 2–3 Stunden

Eine Portion enthält:

208 kcal/870 kJ	37 g Kohlenhydrate
11 g Eiweiß	2 g Ballaststoffe
1 g Fett	

Zutaten für 2 Portionen

2 Blatt weiße Gelatine

4 geh. EL Magerquark (ca. 120 g)

6 EL Buttermilch

2 EL Zitronensaft

2 EL Zucker

½ Vanilleschote

200 g Aprikosen (Dose)

Zubereitung

1 Gelatine in kaltem Wasser ca. 10 Minuten einweichen. Quark mit Buttermilch, Zitronensaft und Zucker glatt rühren. Vanilleschote der Länge nach aufschneiden und das Mark herauskratzen. Vanillemark unter die Quarkmasse rühren.

2 Aprikosen in ein Mixglas geben, fein pürieren und unter die Quarkmasse rühren.

3 Gelatine gut ausdrücken und im heißen Wasserbad auflösen. Etwas von der Quarkmasse in die flüssige Gelatine rühren, dann unter ständigem Rühren die Gelatine in die restliche Quarkmasse einrühren.

4 Das Dessert in zwei hohe Gläser füllen und für 2 bis 3 Stunden in den Kühlschrank stellen, bis die Masse fest ist.

SCHONKOST-TIPP

Falls Sie Zitronensaft nicht gut vertragen, streichen Sie diesen aus der Zutatenliste.

Rhabarberquark mit Amarettini-Streuseln

Schmeckt der ganzen Familie

Zubereitungszeit: ca. 15 Minuten
Garzeit: ca. 3 Minuten

Eine Portion enthält:

172 kcal/719 kJ	19 g Kohlenhydrate
18 g Eiweiß	1 g Ballaststoffe
2 g Fett	

Zutaten für 2 Portionen

130 g Rhabarber

4 EL Apfelsaft

2 geh. TL Zucker

250 g Magerquark

2 EL Milch

2 TL Vanillezucker

4 Amarettini

Zubereitung

1 Rhabarber waschen, putzen, schälen und in ca. 1 ½ cm lange Stücke schneiden. Rhabarber, Apfelsaft und Zucker in einem kleinen Topf erhitzen, aufkochen und 2 bis 3 Minuten köcheln lassen.

2 Quark mit Milch glatt rühren und mit Vanillezucker süßen. Amarettini zerbröseln. Quark und Rhabarber in zwei Dessertgläser schichten und Amarettini-Streusel darauf verteilen.

KÜCHENTIPP

Amarettini sind kleine italienische Mandelmakronen und eine ideale Ergänzung zu dem säuerlichen Rhabarber.

Quark-Mango-Dessert mit Haferflocken

Auch lecker als Frühstück

Zubereitungszeit: ca. 15 Minuten
Kühlzeit: mind. 2 Stunden

Eine Portion enthält:

107 kcal/451 kJ	3 g Kohlenhydrate
7 g Eiweiß	2 g Ballaststoffe
1 g Fett	

Zutaten für 2 Portionen

2 EL Haferflocken

1 Mango (ca. 450 g)

3 EL fettarmer Naturjoghurt (ca. 60 g)

5 EL Magerquark (ca. 150 g)

1 TL flüssiger Honig

Zubereitung

1 Haferflocken in einer beschichteten Pfanne ohne Fett anrösten.

2 Mango schälen, Fruchtfleisch vom Kern lösen und in 1 cm große Würfel schneiden.

3 Joghurt mit Quark, 1 ½ EL Haferflocken und Honig verrühren.

4 Die Mangowürfel abwechselnd mit der Quarkmischung in 2 Gläser schichten und die restlichen Haferflocken darüberstreuen.

Pudding Melba
Sieht schön aus

Zubereitungszeit: ca. 15 Minuten
Garzeit: ca. 3 Minuten
Kühlzeit: mind. 2 Stunden

Eine Portion enthält:

216 kcal/903 kJ	42 g Kohlenhydrate
5 g Eiweiß	4 g Ballaststoffe
2 g Fett	

Zutaten für 2 Portionen

100 g Himbeeren (TK)

1 EL Puderzucker

2 Pfirsichhälften (Dose)

½ Pck. Vanillepuddingpulver

1 EL Zucker

¼ l fettarme Milch

Zubereitung

1 TK-Himbeeren in eine Schüssel geben und bei Zimmertemperatur auftauen lassen. Die aufgetauten Beeren mit Puderzucker verrühren.

2 Pfirsichhälften in dünne Scheiben schneiden. 2 Tassen oder kleine Schüsseln (à 125 ml) kalt ausspülen und mit je 2 Pfirsichscheiben auslegen.

3 Puddingpulver mit Zucker und 3 Esslöffeln der kalten Milch glatt rühren. Restliche Milch in einem Topf aufkochen, angerührtes Puddingpulver unter ständigem Rühren zugeben und mindestens 1 Minute kochen lassen.

4 Abwechselnd Pudding und die restlichen Pfirsiche in die Tassen schichten, dabei mit Pfirsich enden. Im Kühlschrank abgedeckt mindestens 2 Stunden kühlen.

5 Pudding vorsichtig mit einem kleinen Messer vom Tassenrand lösen und auf zwei Dessertteller stürzen. Mit den Himbeeren servieren.

Melonen-Granita

Braucht etwas Zeit

Zubereitungszeit: ca. 15 Minuten
Garzeit: 3–4 Minuten
Gefrierzeit: ca. 5 Stunden

Eine Portion enthält:

152 kcal/637 kJ	34 g Kohlenhydrate
2 g Eiweiß	1 g Ballaststoffe
1 g Fett	

Zutaten für 2 Portionen

1 leicht geh. EL Zucker

500 g Wassermelone

2 Stiele Zitronenmelisse

Zubereitung

1 Zucker mit 60 ml Wasser aufkochen und 3 bis 4 Minuten köcheln lassen, dabei gelegentlich umrühren. Beiseite stellen und etwas abkühlen lassen.

2 Wassermelone schälen, die Kerne entfernen und das Fruchtfleisch in grobe Stücke schneiden. Zitronenmelisse waschen, trocknen, die Blätter abzupfen und in feine Streifen schneiden.

3 Melonen mit dem Zuckerwasser in ein hohes Gefäß geben und mit dem Pürierstab fein pürieren. Melissenstreifen unter das Püree mischen, alles in eine flache Auflaufform füllen, abdecken und in die Gefriertruhe stellen.

4 Nach 1 Stunde mit einer Gabel durchrühren, dabei Gefrorenes vom Boden und den Seiten abkratzen. Dies nach jeder weiteren Stunde wiederholen. Vor dem Servieren nochmals mit der Gabel auflockern und in gekühlten Gläsern anrichten.

Bananeneis

Gelingt leicht

Zubereitungszeit: ca. 10 Minuten
Gefrierzeit: mind. 3 Stunden

Eine Portion enthält:

148 kcal/619 kJ	31 g Kohlenhydrate
3 g Eiweiß	3 g Ballaststoffe
1 g Fett	

Zutaten für 2 Portionen

2 reife Bananen

100 ml Buttermilch

50 ml Orangensaft

Zubereitung

1 Zwei große flache Teller mit Klarsichtfolie bespannen. Bananen schälen, in ca. ½ cm dicke Scheiben schneiden, nebeneinander auf die Teller legen, mit Folie abdecken und mindestens 3 Stunden einfrieren.

2 Gefrorene Bananen von der Folie ablösen und in ein hohes Gefäß geben. Mit Buttermilch und Orangensaft pürieren, bis eine glatte Eismasse entsteht. Sofort mit einem Löffel Kugeln abstechen und das Eis servieren.

SCHONKOST-TIPP

Bei Unverträglichkeiten gegenüber Orangensaft ersetzen Sie ihn durch einen für Sie bekömmlichen Saft, z. B. einen milden Apfelsaft.

Joghurt-Mousse mit feinen Beeren

Gut vorzubereiten

**Zubereitungszeit: ca. 10 Minuten
Kühlzeit: 2–3 Stunden**

Eine Portion enthält:

198 kcal/829 kJ	36 g Kohlenhydrate
6 g Eiweiß	3 g Ballaststoffe
2 g Fett	

Zutaten für 2 Portionen

3 Blatt weiße Gelatine

200 g fettarmer Naturjoghurt

2 EL Zucker

300 g Erdbeeren

1 EL Vanillezucker

Zubereitung

1 Gelatine in kaltem Wasser ca. 10 Minuten einweichen.

2 Joghurt mit Zucker verrühren. Erdbeeren vorsichtig waschen, putzen und Beeren vierteln. Beeren mit Vanillezucker vermengen.

3 Gelatine ausdrücken und im heißen Wasserbad auflösen. Etwas von der Joghurtmasse in die flüssige Gelatine rühren, dann die Gelatine unter ständigem Rühren in die restliche Joghurtmasse einrühren. Die Mousse in zwei Förmchen füllen und für 2 bis 3 Stunden in den Kühlschrank stellen, bis sie fest ist.

4 Mousse mit den Erdbeeren servieren.

Bulgur mit frischen Früchten

Bulgur mal süß

Zubereitungszeit: ca. 10 Minuten
Garzeit: ca. 12 Minuten

Eine Portion enthält:

529 kcal/2.211 kJ	98 g Kohlenhydrate
20 g Eiweiß	12 g Ballaststoffe
5 g Fett	

Zutaten für 2 Portionen

400 ml Milch

1 ½ EL Honig

½ Vanilleschote

200 g Bulgur

200 g frische Beeren, z. B. Erd-, Johannis- und Heidelbeeren

1 kleiner, reifer Pfirsich

einige Minzeblätter

Zubereitung

1 Milch mit Honig und aufgeschlitzter Vanilleschote aufkochen lassen, Bulgur einstreuen und unter gelegentlichem Rühren ca. 10 Minuten ausquellen lassen. Dann vom Herd nehmen und etwas abkühlen lassen. Vanilleschote entfernen.

2 Beeren waschen, putzen, bei Bedarf zerkleinern. Pfirsich heiß überbrühen, abschrecken, häuten und würfeln. Minzeblätter waschen und trocknen.

3 Beeren und Pfirsich unter den Bulgur mischen. Mit Minze garniert servieren.

Grießauflauf

Mit Pfirsich

Zubereitungszeit: 20 Minuten
Garzeit: ca. 40 Minuten

Eine Portion enthält:

426 kcal/1.780 kJ	45 g Kohlenhydrate
10 g Eiweiß	4 g Ballaststoffe
23 g Fett	

Zutaten für 2 Portionen

2 Pfirsiche

¼ l fettarme Milch

1 Vanilleschote

1 Zimtstange

2 EL Grieß

1 Eiweiß

2 EL Halbfettmargarine

2 TL Zucker

1 EL Paniermehl

Zubereitung

1   Die Pfirsiche waschen, schälen, entsteinen und klein würfeln.

2   Die Milch mit der aufgeschlitzten Vanilleschote und der Zimtstange in einem kalt ausgespülten Topf zum Kochen bringen. Den Grieß einstreuen, kurz aufkochen und 5 bis 10 Minuten bei leichter Hitze ausquellen lassen. Vanilleschote und Zimtstange herausnehmen.

3   Eiweiß steif schlagen. 1 EL Margarine mit dem Zucker schaumig rühren. Die Masse löffelweise unter den etwas abgekühlten Grießbrei rühren und das steif geschlagene Eiweiß vorsichtig unterheben.

4   Eine Auflaufform mit ½ EL Margarine ausstreichen und schichtweise Grießbrei und Pfirsichwürfel einfüllen. Mit Grießbrei abschließen und die restliche Margarine darauf verteilen.

5   Den Auflauf mit Paniermehl bestreuen und in den kalten Backofen schieben. Auf 200 °C erhitzen und 20 bis 30 Minuten backen.

Kartoffelwaffeln mit Apfelkompott

Waffeln mal anders

Zubereitungszeit: 20 Minuten
Garzeit: ca. 20 Minuten

Eine Portion enthält:

444 kcal/1.857 kJ	77 g Kohlenhydrate
13 g Eiweiß	8 g Ballaststoffe
9 g Fett	

Zutaten für 2 Portionen

Apfelkompott

2 milde Äpfel, z. B. Golden Delicious

1 EL Zucker

1 TL Zimt

100 ml Apfelsaft

Kartoffelwaffeln

400 g Kartoffeln

1 Ei

2 EL Mehl, Typ 550

2 EL Haferflocken

Salz

1 TL Rapsöl

Zubereitung

1 Für das Apfelkompott die Äpfel waschen, schälen, vierteln und das Kerngehäuse herausschneiden. Äpfel in grobe Würfel schneiden und zusammen mit Zucker, Zimt und Apfelsaft in einen kleinen Topf geben. Auf mittlerer Stufe zum Köcheln bringen und 5 bis 8 Minuten köcheln lassen, bis die Äpfel zerfallen sind.

2 Für die Waffeln die Kartoffeln schälen, waschen und in der Küchenmaschine fein reiben (gelingt auch auf einer feinen Küchenreibe). Die Kartoffelmasse mit Ei, Mehl und Haferflocken vermengen und mit Salz würzen.

3 Ein Waffeleisen erhitzen und leicht mit Öl einpinseln. Aus dem Teig nacheinander 3 bis 4 Waffeln backen und mit dem Apfelkompott servieren.

ANHANG

Wichtige Adressen

Deutsche Gesellschaft für Ernährung (DGE) e. V.
Godesberger Allee 18
53175 Bonn
Tel. 0228 3776600
www.dge.de

Bundeszentrale für gesundheitliche Aufklärung (BZgA)
Ostmerheimer Straße 220
51109 Köln
Tel. 0221 89920
www.bzga.de

Gastro-Liga e. V.
Deutsche Gesellschaft zur Bekämpfung der Krankheiten von Magen, Darm und Leber sowie von Störungen des Stoffwechsels und der Ernährung
Friedrich-List-Straße 13
35398 Gießen
Tel. 0641 974810
www.gastro-liga.de

Deutsche Gesellschaft für Verdauungs- und Stoffwechselkrankheiten (DGVS)
Olivaer Platz 7
10707 Berlin
Tel. 030 3198315000

Deutsches Kompetenzzentrum Gesundheitsförderung und Diätetik (DKGD) e. V.
Haddamshäuser Weg 4a
35096 Weimar an der Lahn
www.dkgd.de

Wichtige Internetseiten

www.daem.de
Deutsche Akademie für Ernährungsmedizin (DAEM) e. V.

www.dgem.de
Deutsche Gesellschaft für Ernährungsmedizin e. V.

www.ugb.de
Verband für unabhängige Gesundheitsberatung e. V.

www.diaetverband.de

Bundesverband der Hersteller von Lebensmitteln für eine besondere Ernährung (kurz: Diätverband) e. V.

www.svendavidmueller.de

Diät- und Ernährungsberatung – viele Links zu wichtigen Organisationen im Ernährungsbereich

Buchtipps

Sven-David Müller, Christiane Weißenberger: Ernährungsratgeber Magen und Darm, 2., aktualisierte Auflage, Schlütersche Verlagsgesellschaft mbH, Hannover

Sven-David Müller, Christiane Weißenberger: Ernährungsratgeber Laktoseintoleranz, Schlütersche Verlagsgesellschaft, mbH, Hannover

Sven-David Müller, Christiane Weißenberger: Ernährungsratgeber Fruktoseintoleranz, Schlütersche Verlagsgesellschaft mbH, Hannover

Sven-David Müller, Christiane Weißenberger: Ernährungsratgeber Morbus Crohn und Colitis ulcerosa, 2., aktualisierte Auflage, Schlütersche Verlagsgesellschaft mbH, Hannover

Andrea Flemmer: Magen- und Darmbeschwerden natürlich behandeln, Schlütersche Verlagsgesellschaft mbH, Hannover

Sven-David Müller, Almut Carlitscheck: Entspannung – so genießen Sie jeden Tag, Schlütersche Verlagsgesellschaft mbH, Hannover

Register

Bibliografische Information der Deutschen Nationalbibliothek
Die Deutsche Nationalbibliothek verzeichnet diese Publikation in der deutschen Nationalbibliografie; detaillierte bibliografische Daten sind im Internet über http://dnb.ddb.de/ abrufbar.

ISBN 978-3-89993-934-7 (Print)
ISBN 978-3-8426-8786-8 (PDF)
ISBN 978-3-8426-8787-5 (EPUB)

Fotos:
Titelfoto: Michael Wissing – gettyimages
123rf.com: Sabino Parente: 1; Stephanie Frey: 2, 5; Elena Elisseeva: 8/9, 41, 98; Olga Miltsova: 21; vanillaechoes: 57; homy_design: 61; Vincenzo De Bernardo: 65; Evgenia Lysakov: 67; Viktorija Kuprijanova: 75; Olga Miltsova: 77; handmadepictures: 85; tobi: 91; Corinna Gissemann: 103; serezniy: 111, 113; Elina Manninen: 121
Fotolia.com: Studiovespa: 12; A_Lein: 27; Fredredhat: 29; Barbara Pheby: 37, 88; HLPhoto: 50; A_Bruno: 53; Maksim Shebeko: 59; JJAVA: 84; Yevgeniya Shal: 86; Photographee.eu: 87; Eva Gruendemann: 89; Doris Heinrichs: 101; MIGUEL GARCIA SAAVED: 106; kab-vision: 109; Carmen Steiner: 118; Liv Friis-larsen: 123; Elke Dennis: 125; Kati Neudert: 136
Luitgard Kellner: 11
Ingo Wandmacher: 42/43, 47, 49, 51, 55, 63, 69, 71, 73, 79, 81, 93, 95, 105, 107, 117, 119, 127, 131

3. Auflage

© 2021 humboldt
Die Ratgebermarke der Schlüterschen Verlagsgesellschaft mbH & Co. KG
Hans-Böckler-Allee 7, 30173 Hannover
www.humboldt.de
www.schluetersche.de

Lektorat: Annette Gillich-Beltz, Essen
Layout: Groothuis, Lohfert, Consorten, Hamburg
Covergestaltung: Kerker + Baum Büro für Gestaltung, Hannover
Satz: Die Feder, Konzeption vor dem Druck GmbH, Wetzlar
Druck und Bindung: Gutenberg Beuys Feindruckerei GmbH, Langenhagen